窮忙世代的翻身準則

艾兒莎（Elsa）著

目錄

〈推薦序〉她讓叛逆不再注定失敗，她讓平凡未必無奇　郭壽旺　006
〈推薦序〉靠自己建立翻轉人生的平臺　阮暉仁　009
〈前　言〉三大方法、九條準則，讓你我走出低薪與絕望！　013
〈導　讀〉什麼？解決「胖」就能終止「窮忙」?!　021

Part 1

增加收入

準則1　培養二技之長
再微小的選擇，都會影響未來的人生　030
人生中一切行爲的公式，就是「資訊×思考」　034
線性思考模式，讓你的技能一文不值　039
別傻了，一技之長已不夠用！　045
靠著二技之長，發展第二職場　049

準則2　訓練翻牆國際觀
你爲自己累積的價值是什麼？　054
保持自身極大的彈性，遊走階級間　061
不把國界放眼裡，商機就是你自己　068
挑戰傳統，翻轉未來　072

CONTENTS

準則3 擁有不務正業的想像力

人生最大的風險：平凡又遺憾 078
左右為難，乾脆走中間路線！ 084
來點不務正業當前戲 086
從最拿手的小事開始，發揮想像力 091

Part2 調高薪資

準則4 認真思考翻身的意義

你為什麼想翻身？ 100
窮忙，不只發生在低薪狀態！ 105
認清自己追求金錢的目的 110

準則5 成為會說故事的超級業務

首要思考：究竟該如何「銷售自己」？ 116
學習自我銷售，輕易擁抱成功人生 118
從法拉利看出「關係」 120
理解競爭力，你才有資格競爭！ 126
跳過好感，直接取得認同 128
找尋能持續銷售自己的動力 136

Part 3

變身資產

準則6 跟上跳躍發展的思考

認清狀態、抓緊時機、打破局限，才能快速躍升 144

把自己當「平臺」經營！ 148

轉職轉的不只是工作，而是視野與身分 151

準則7 練就一身魅惑之術

強化自我魅力，讓人更想幫你 158

放膽成爲想要成爲的自己 162

自在且眞實面對自己的性格 166

你是善良的人嗎？ 169

準則8 自律能力養成

我的能力不足了！ 174

超乎期望成長的祕密——極致的自律 179

目的閱讀 183

時間管理 185

欲望克制 187

專注控制 188

CONTENTS

刻意練習 190

準則9 成功的唯一祕密武器——以愛之名

蹲在地上削地瓜 194

愛的力量無可比擬 197

馬來西亞年輕人給我的啓示 202

回家，回到你心之所向 206

PLUS！最後加碼武器

不停的在危機意識裡找尋自我動力 212

我的成功祕訣❶超級平凡的背景 215

我的成功祕訣❷被擊垮的勇氣 221

我的成功祕訣❸開放、開放、再開放 227

〈後　記〉我的世界有多麼美麗 229

〈推薦序〉

她讓叛逆不再注定失敗，她讓平凡未必無奇

郭壽旺

艾兒莎請我寫推薦序，我欣然答應，因爲我以爲自己太認識艾兒莎了；直到我開始動筆，竟發現我陷入嚴重的詞窮，找不到可以確切形容她的詞彙。原來描繪女子的傳統語彙框不住艾兒莎，她如風一般，輕撫人生百態、摸索世界；她像沙一樣，看似無形卻奮力適應環境、勇敢生存，她是當代的、她是自由的，她是獨一無二的艾兒莎。

艾兒莎從不隱藏她的好惡，她在臉書上訴說她的貧窮，她討厭貧窮，所以她要克服貧窮，於是她選擇離開家鄉、走出舒適圈，完成了第一本創作，開啓了人生第一桶金。看到她在臉書上因求職不順遂而沮喪、因情感失意而悲傷，

她難過到喝醉酒，隔天醒來她又找到新的人生方向，立刻忘卻沮喪收拾悲傷，再重新出發。

她在公開社群中表現她的嫉妒，嫉妒閨蜜的美麗與幸福，羨慕好友的成功與富有，她不想變成他們，她要超越他們。艾兒莎的喜怒哀樂形於色，儼然成了都會女性的代言人，她說出華人世界中女性奮鬥的痛楚，她道出傳統女子在情感路上的心酸與無奈。艾兒莎爲這個世代陷入低薪與生活壓力的年輕男女找到了出路，無形中，她爲無數網路世界裡的迷失者點了一盞燈，她給了在荒漠中失望與絕望的旅人一杯水，讓他們看到希望，給他們一條道路。

世俗所不允許的，她沒有對抗，反而以行動挑戰世俗的許多矛盾；傳統所蔑視的，她重新給予定義價值，讓無謂的蔑視轉換爲欣賞與尊重。她讓叛逆不再注定失敗，她讓平凡未必無奇，她是屬於當下的，沒有形容詞，她是艾兒莎。

在本書裡，我看到她再進化，看到她獨特的觀察力，更看到她的自信，更欣慰的是看到她已經成爲一個公共財，更加展現她對年輕世代的承擔，與社會發展的責任。每一本書的誕生都見證艾兒莎的韌性，都讓人期待她新的人生經歷與驚喜。

（本文作者爲實踐大學副教授兼國際長）

〈推薦序〉

靠自己建立翻轉人生的平臺

阮暉仁

我是一個在海外發展長達十四年的臺灣人，即便留在臺灣發展，也不是二十二K之後的世代，我並不清楚艾兒莎當時在臺灣的江湖地位。

第一次談到艾兒莎，是在新加坡的中峇魯市場，在座有從小在新加坡長大的臺灣社群青年僑領，以及來新加坡進修的前臺北市府副發言人。我是站在艾兒莎這邊的，因爲當時她在新加坡是有爭議的。我問：你們樂見新進此地發展的晚輩，靠自己的努力、才華，即便有一點誇張的行銷方式成名；還是樂見她以不正當的方式出位讓你們討論……當時，在座的各位默然無語。

艾兒莎不只是一個現象，她代表著年輕世代生不逢時的反抗，更代表臺灣價值且值得臺灣驕傲的海外資產，她用這世代的天賦與努力來執行信念與不認命、不服輸，彷彿回到臺灣人當年一只皮箱走天下的場景（只是皮箱改成筆電、手機而已），贏得新加坡人的尊敬，更遑論艾兒莎帶給我當時志工服務的新加坡臺灣商會諸多正面影響。

同樣的世代矛盾在海外的臺灣社群也是有的，簡而言之就是巨大的貧富差距，問題不在艾兒莎的出現再次打開這個話題而已，而是在你我，不論在臺灣與海外、上流社會與中下階層，如何去應對這個社會現象罷了。

我已經做出選擇了，不僅當年也是一只皮箱（筆電）走闖天涯的過來人，也深深明白這個世代的臺灣青年比我們當年的挑戰更大，希望我們走在前面的小小經驗分享、觀念分析、人脈連結，對這個社會往健全的方向發展有所助益。

我期待能有更多後進新加坡（海外）的臺灣青年像艾兒莎一樣，不管你的行銷多麼誇張、直播多麼搞笑，只要你能用最新的觀念與工具建立翻轉人生的平臺，朝氣蓬勃的往人生每個階段邁進，臺灣的價值就能被找回，臺灣的驕傲終將被重塑，期盼大家一起攜手努力。

（本文作者爲亞青青年創業輔導委員會主委、新加坡書香茶坊創辦人）

〈前言〉

三大方法、九條準則，讓你我走出低薪與絕望！

寫這本書時，我在大致相同的故事裡，以及我想表達的思想中，來回猶疑了五、六次，也修調了多次語氣，只爲了把所有想法改用更直接的方法陳述，因此還延誤到給出版社稿件的時間。不過，我很開心這樣做了，因爲在想清楚這本書要帶給讀者的價值後，我知道自己透過這些字句，並不是要販售希望或渲染一種空洞的熱血，而是要讓大家認清我們這一世代共同的處境與最大的弱勢，才能做出正確的反擊。

在此，我想先跟所有讀者講一個最血腥的事實：現代年輕人的低薪問題，已經不可能解決了。

二十二K，只是一個開始而已。

在整個大環境短期內無法改善、全球經濟繼續蕭條的情況下，我們面對的困境大概會更嚴重；通貨膨脹物價飆漲、薪資逐年凍漲，買不了房子車子的人，努力再多年還是買不了。所以，你如果不是選擇「力爭上游」，而且仍覺得保持現狀就好，從長遠來看，會是個極大的危機。

仔細觀察，不難發現很多國家都已相繼產生類似的問題，連一直以來穩定成長的新加坡，也在這兩年開始受影響了。中小企業在前年開始裁員，去年連續幾間國際知名企業都裁了好幾千人，這些企業開始往馬來西亞、越南、柬埔寨等平均人力成本更低的地方退守發展。但此舉也只能短期舒緩企業痛點，因為東南亞的經濟、建設、人民所得已爆發性成長，讓各類成本逐年增長，而東協崛起並不是預測，已是個顯而易見、正在發生中的事了。

韓國、香港的年輕人，也都有相同困境（雖然在我看來，韓國年輕人被財團壟斷未來的處境，更悲慘、更難有轉圜餘地）。我在這裡不打算提政治、教育或任何敏感且與我的經歷不相關的議題，甚至，我拒絕抱怨，所以這也不會是一本能讓人取暖的書。就像看網路評論教訓這個、教訓那個一樣，看的瞬間很爽，可以得到短暫的麻痺與慰藉，但離開電腦桌後，依舊不去正視自己的劣勢處境與問題根本，那麼一切的痛楚還是會一直存在著。

爲什麼我能如此肯定低薪問題已無法改變了？因爲這是在政治、經濟、教育、制度、體系、求職者個體、產業、時代等各種因素交互影響下所形成的不可避免的結果，而這個結果不可能單靠上述任何一個環節在短期內修正。

簡而言之，年輕人在勞動市場的低報酬問題，已是既有常態，是整個大環境的慢性炎症，要解除這個症狀，只有一個最暴力卻能立即見效的方式：大部分的受薪者不願領這份低薪，於是薪資系統開始動搖，這個症狀解除後，會重新形成另一個新的局面，以及各種新的常態所支撐的現象。假設，只要雇主開出的薪資低於臺幣三萬元，大家選擇集體不接受，那麼在勞動市場中，這樣的薪資就失去價値、供需不對等，就邏輯上而言，就不可能再出現這種薪資。可惜，這是天方夜譚，因為大家終究還是要吃飯過日子呀！

依照我的個人經驗，以及身邊無數個成功年輕人的實例與想法來看，短時間內，我們改變不了世界，所以只能順應這個世界的變化，精進自己、投資自己、改變自己，重組、進化自己的思考模式，進而加強自己對所處環境的認知與視野，甚至得到「看見未來」的能力。

當年領二十二K的我，因為沒有特別技能，對時下任何一種流行的美容、餐飲、設計、建築等技術證照也沒興趣，於是在重新認清手中的籌碼與選擇後，發現殘酷的事實：在這些現有條件下，沒有富爸爸的我，真的就是「弱勢族群」了。

如果你碰巧跟當年的我一樣，認為自己一點籌碼與選擇也沒有，那很好，你可以學後來的我，把自己塑造成籌碼，一個非常有利的籌碼，去翻轉自己的弱勢。如果什麼都沒有的我都可以做到，我相信你們在學習並消化這些自我晉級的故事與方式之後，也能跟我一樣，在追求人生或職涯理想目標的路上，能有不錯的成績。

本書的重點，可以歸結成以下三點：

①增加收入：「間接」改變收入，用各種方式或兼職增加「額外」收入。

②調高薪資：「直接」改變收入，計畫前往高薪國家、城市發展，或往業績獎金為薪資主結構的「業務性質」工作發展。

③變身資產：把自己變成資產，透過自我培養、學習，讓自己增值。

這是我一直以來深信不疑的終極策略，也是我靠著各種挫敗、閱讀，以及身邊貴人導師的成功法則分享，集結而成的方針，至今我還沒在市面上看到任何書籍以這樣的邏輯分享過，因此我非常驕傲這本書的發行，期望能夠眞正幫助到一些人。就算無法改變每個讀者的人生，但我確定能讓年輕人即刻改變低薪與走出絕望困境，甚至在最後，都能成功或提早追求到自己的夢想、目標、期望的人生模型。

我在深度理解這三個方法的同時，必須自我評估各項策略的風險與可能成效，才能讓各個讀者合適的做出抉擇，思考哪一項是能改變生命的關鍵點。

這三點的順序，同時也是增加現金收入速度的順序，但並非現金收入程度的順序。其中，第一點的成效可以最快顯現，第三點則相對較慢（兌現）；而最終的收入總金額，則是第一點最少，第三點最多。想當然耳，風險和難度也是按順序成正比增加的。有趣的是，這剛好也是一個對抗現況承擔上的順序。如果有些年輕人的現況並不理想，連學貸都還償還不完，根本不可能立刻出國工作，去承擔那些無形未知的風險與異鄉生活的各種成本，不妨就先從第一點開始，累積現金，償還債務；如果能成功走完第一步，就能繼續走到下一步。

不論你的下一步是決定要出國，或是找低底薪、高佣金的業務工作，也都能選擇更高層次的創業領域，經營生意品牌和自己，或投入特殊專業技能產業等，將自己當成資產再投資，達到翻身目的。

我的前一本著作《出去闖，擁抱世界級夢想》提到，二十五歲那年，我放棄了臺灣的二十二K工作，直奔新加坡發展的過程，其中的挫敗與心酸血淚，都大略引導到我之前很確信的概念——選擇業務性質工作與出國工作必定會經歷的過程與問題，都跟創業的概念有異曲同工之妙。沒想到之後，因爲在新加坡認識更多成功的臺商與有爲創業家，以及來自臺灣與星馬本地，年紀很小卻很成功的年輕人，更是親眼見證到，能清楚運用這個概念的人，對於追求目標是多麼的如魚得水。

這三個方法，並非得要從一到三（或二到三）的步驟都走過、走到才算是達標，因爲每個人的個性、理念、背景、追求事物都不一樣。我希望你至少能靠其中一個方法，找到方向與技巧，成功逃離現在那個厭倦了平凡自我的你、被一成不變生活痲痺的你、被低投報率榨乾的你、被所有灰暗現實踩得喘不過氣的你、出征半路卻搞到進退兩難的你，那麼，這本書也就值得了。

落實這三個方法的概念、條件、開始方式究竟爲何，就是這本書最精彩的關鍵了。

本書將會分享各種實際案例與故事，傳達九條終極準則，有些會顛覆你根深柢固的思考邏輯、挑戰你原本相信的世俗觀點，或是讓你強化運用你已知的思維。無論如何，閱讀過後你會發現，甚至只要專精、準確的執行其中的一、兩條準則，就能讓自己完全脫胎換骨。不知不覺中，你會自然而然的改變生活中的工作、玩樂等每項選擇的結構，一旦開始施行上述三個方法的其中一個，這樣的改變，一定會讓你的人生升等。

最後，祝福各位，快速運用這九條準則走出低薪及絕望困境，漂亮又成功的翻轉人生！

〈導讀〉

什麼?解決「胖」就能終止「窮忙」?!

「窮忙」是什麼?

窮是一種強度稀缺，可能是金錢、時間、身心靈等各種層面上的缺乏。窮雖可怕，但更可怕的是，透過無止境的汲汲營營，無間斷的忙碌、探索、犧牲、交換，最後卻還是窮!窮變得像是人生中的無底深淵，是個永遠無法被填滿的大坑。

窮忙源自於低薪資、低報酬，用再多的時間和精力，都無法轉換成跳級的現金收入；或是忙於奔波尋找高報酬，卻只有某部分(例如收入增加)的注入，生活依舊無法達到平衡(時間自由、身體健康、高生活品質等)。而這個就是讓許多年輕人、甚至是一直努力到中年的人，卡在人生谷底的問題，雖然棘手，卻必須認眞看待。

該怎麼徹底解決？首先必須看懂問題，理解「這個問題到底是什麼」。

如果搞不清楚問題的本質，就無法解答或改變問題。低報酬的窮忙已是一種常態，是大環境的慢性炎症，就在暗示，這是一項反映眞正問題的長期症狀。這也是爲什麼任何類似「增加最低基本工資」這種錯把低薪視爲問題本身的解法，是治標不治本，毫無意義的行爲。

舉例來說：如何解決「肥胖症」？

如果只是像多數人一樣，直覺的認爲關鍵是「減少脂肪」。乍聽之下，觀點雖然沒錯，卻會讓你錯過事情的本質。照這樣的邏輯思考，解決肥胖最快、最直接、最不會出錯的方式，就是將多餘的脂肪立刻消除。這樣就是在假設，有一位全球權威的整形醫師，能在一天內安全的將肥胖者體內的過多脂肪都去除，肥胖症就不復存在了。但是，如果這個人繼續原本的生活方式、飲食習慣，肥胖症終究會回來。

看懂了嗎？肥胖症是一種慢性累積的長期症狀，反映了背後更深層的原因，而這樣的肥胖症就像低報酬的窮忙一樣，當社會（群體）的多數人都有這樣的狀態，就會成為一個堅不可摧的現象，例如美國的肥胖現象。若只是硬把某個時期、某個事件呈現出來的狀態暴力消除，而不去思考背後人事時地的關係，就像是在大霧中看到自己投射的幻影而恐懼，你揮舞著刀試圖消滅，可是只要「你」還在、霧還在、光還在，幻影也會依舊在賣命的、努力的揮刀後，繼續存在。

如果想徹底解決肥胖症，我們應該思考「肥胖的所有成因」，例如基因、生活環境、交友習慣、工作型態、感情狀況、家庭成員、教育習慣、個性養成……太多了。也就是因為太多了，所以我們都習慣找出最明顯、最快、最方便、最直接想得到的思考程序，進而錯過解決問題的根本方式。

找到所有成因間的關係及相互影響的程度，一一改善，肥胖症就會失去支撐點，解除肥胖這個狀態。也許是先從「體重過重」（原本的狀態），過陣子再進入「標準體重」狀態。「長期狀態」和「短期狀況」不一樣的核心，只在於時間，例如你昨天睡不好，所以今天看起來很憔悴，但這只是一時的狀況，只要補個眠、談個戀愛，或許下週你看起來又會變好了。這就是「狀況」，因為找到根本成因並不難，能以簡單直覺的思考，直接針對問題點改善。但「長期狀態」則是時間和各種因素交織而成的複雜現況，所以必須以謹慎且具深度的「本質性思考邏輯」去想清楚。

所以，低薪現象不是狀況，而是長期、慢性、多面向累積所引發出的狀態。

低薪的成因，多數都跟我們自己（受薪者）有很大的關係，這就是為什麼就算政府突然變得非常有錢、做事效率好到大家不再罵了、最低薪資調整到月薪臺幣十萬元，依舊改變不了多數人還是領著相對低薪的問題。

如果你已經很清楚的理解，在低薪嚴重問題背後，你的被害者、加害者、關係人、連帶關係人的角色時，就代表你已經很清楚，這世界上能改變自己在窮忙與低薪中徘徊的人，只有你自己。這也是爲什麼這本書將會告訴你：該怎麼改變自己、準備自己、思考自己，讓你翻轉自己的人生。

我相信，讀完這本書，將會是你今年做過最正確的決定與投資。我感謝你這樣做，更感謝所有願意讓我分享故事的人，還有給我時間慢慢寫、拖稿太久也不催稿、只爲了回饋社會更好內容的出版社。感謝身邊一直以來給我幫助的貴人朋友，以及一直在粉絲團上幫我打氣的粉絲和讀者，沒有你們，就沒有我，也沒有這本書。

PART 1

增加收入

準則 1
培養二技之長

再微小的選擇，都會影響未來的人生

二〇一一年，我從臺北的私立大學畢業，在應用外文系整整四年所學，畢業後並沒有多大幫助。起初，我以爲自己是個案，後來發現，原因並非如此簡單。

大學時期的我太貪玩，覺得蹺課很酷，把寫報告的時間都拿來打工，以爲「立即的報酬」最實際，所以在「學業」和「打工」之中，我選擇了後者。但悲慘的是，每次到了月底還是無法將打工的錢存下，最後連去畢旅的錢都沒有，實在非常淒慘。悔恨之餘，讓我在多年後更深刻感受到：年少時做的各種選擇，最後都會變本加厲的以劣勢顯現在我的生活裡。

原來，「人生的雛型，是由一連串的選擇塑造而成的」，這句老話實在是眞理。

雖然不能去畢旅只是件小事，僅是少了個團體紀念性的玩樂行程；但沒有儲蓄的習慣，連基本存款也沒有，就連帶關係到畢業後那幾年的低薪時光了。

當時就算開始想追求更好的自己，計畫花點錢投資、上課、學習技藝都沒有辦法，才驚覺：就算只是在短短一段時期裡，你將「零碎時間」分配到哪種產值，都能有這麼多的連帶效應，更何況是念大學或技職學校時的那三、五年了。後者所影響的，可能是更廣、更深度的人生面貌。

可能有人不信邪，跟大學時期的我一樣，覺得那些話只是長輩用來嚇唬人的方式罷了，不認爲自己有天會是二十二K的受害者，也不覺得領著二十二K的生活能有多慘。但相信我，就我個人的谷底經歷，可怕的不會只是二十二K這個數字，而是二十二K對理想生活的摧殘與對夢想的踐踏。我也是到後來才明白，領著低薪過活那幾年的人生輪廓，說穿了也只是自己一連串錯誤選擇造成的結果。你將會發現，現在一直領著翻不了身的薪資或深陷困境的人生，只是剛好而已，那些自己在過去埋下的小種子（選擇），理所當然會在眼前或往後的未來裡發芽。

我的意思是：助長一切錯誤的，就某種層面而言，是我自己。

嗯，沒錯，或許有些人聽到這些話，會覺得不舒服。我跟身邊幾位「低薪受害者」友人分享這段故事後，其中一人非常激動的說：「所以，你是在說服我們怪自己，而不是怪老闆或政府嘍!?」

「我們才是受害者，不是嗎？」他激動的挺直背，面朝著我確認道。

「我們是受害者，但加害者，是自己。」我說。

他氣呼呼的說：「你的意思是，政府、教育、體系、經濟……這些公認的『罪犯』，並沒有害到我們嘍？」

我冷靜的回答：「我們生存的環境，絕對有被你指出的每一項環節交互影響到，這是無庸置疑的。如果你要取暖，要我跟你一整個下午去謾罵或說誰的不是，那還是上網去找其他鄉民或網友，一起長篇大論就好。但今天，我個人『目前』解決不了的問題，我不會去碰，因爲我的人生此時此刻正在流逝，不管一切多糟、誰有多大的過錯，我的生命都會繼續過，而我不想得過且過。」

其實，每個人都有選擇。

我也曾經大言不慚的罵過政府、學校、長輩、制度、經濟，但是當我發現不只我一個人，而是整個社會，甚至是跨國家、文化，整個年輕世代的我們都在影響之下時，我才驚覺這種謾罵、抱怨、抗議行動真的起不了作用。真正有用的，反而是我在人生中做出的抉擇，那才會在根本上改變我的人生走向。於是，我開始深度構思我的選擇本質，靠「矯正選擇」讓人生更接近理想中的樣貌，或是所謂的夢想。

人生中一切行為的公式，就是「資訊×思考」

選擇會有一個過程，即是先獲取資訊，再附加上自己對待資訊的思維，歸結成幾個選項，最後在各個選項中，選出一項或數項。簡而言之，就是：選擇＝你獲得的「資訊」×你做出的「思考」。

當年，大學班上有五分之一的女生嘗試考過空姐，其中約有三分之一的人成功考上並開始從業。班上的其他人，就我所知，多數從事業務、仲介、祕書、教育等工作。而我，當年在選讀大學科系時，對未來的職涯選擇與人生方向，並沒有太多想法，只是聽從父母建議「英文是未來的趨勢」，加上他們小時候從來沒機會學好英文的惋惜，更讓我在多重因素與情感連結的影響下，選擇了這條路。

記得當時媽媽爲了確認能引導我選擇英文相關科系，最後還補上一句：

「我朋友當年就是因爲英文好，每個老闆都搶她，薪水都任她喊呢！」

這一段故事，一字一句都是眞實且好意的，只是現在就我看來，那是一連串錯誤的開始。

首先，當一個沒有特定想法的人被灌輸資訊時，他的決定很容易缺乏邏輯思考與理性決策，而「沒有想法」卻是多數亞洲小孩成長過程的共同問題。例如：我確實認爲媽媽說的話沒錯，因爲她是長輩，也是有經驗的人，出發點也絕對是「爲我好」，所以我直覺認爲她提供的事實（資訊），是可以投射在我的未來。我也因此懶得去搜集更多資訊，或是找出相關科系畢業後的出路與機會點，更不用說去思考了（其實我還是有思考，只是直接被局限與散漫化了）。

第二，就算我有研究，並參考班上同學畢業後從事的工作類別，以此去做選擇，依舊沒辦法在畢業後以任何一種工作，達到我理想中的生活與夢想。所以，回推當年的選擇，應該怎樣都無法變成正確的決定，原因很簡單：以公式來比喻，接近於零（甚至負數）的資訊搜集，乘以接近於零（甚至負數）的思考邏輯，結果就會趨近於零（接近錯誤與失敗的選擇）。

撇開我選擇錯誤造成的後果，先來思考一件事：「我理想中的生活與夢想是什麼？」

其實，當年的我，就跟一些年輕人一樣，沒有太多的高大願景，只求在奮發圖強工作幾年後，有能力買車、買房、繳貸款……至少養得起自己，或者，再貪心一點——養得好自己。

多年後，我多次詢問父母：當時給予建議時，是否也是以「讓女兒能擁有如此的理想生活與目標」爲出發點，因爲自己年輕時也是以這個目標爲奮鬥理念？他們回答：「是。」

讀到這裡，大家可能會認爲，人生要做出接近正確的選擇，就必須盡可能讓公式最後的結果大於零，所以想辦法找尋大量資訊（這對現代人，尤其是年輕人來說應該不難），然後再以數值很高的方式思考，就比較不會做出錯誤選擇了。

這想法或許對，但只對一半。因爲，「思考」往往就是最後成敗（或影響結果數值）的關鍵。

可以試著想想看，爲什麼父母認爲光鮮亮麗的工作（例如空姐、祕書、教授、老師）當時可以滿足理想生活目標，在這個時代卻無法滿足我們的需求？在父母那個年代，甚至只是上一個世代（六年級生），都可以在好好努力幾年後，達成我們共同渴望的那種理想，但，現在不行。

答案其實已經很明顯了。只要把十幾、二十多年前這幾樣工作的薪資、物價、房價比例，與現今放在一起交叉比對，加上湧入該產業的人口減少稀缺性，就可以知道這些工作無法在今日達成理想目標的原因了——時代。

用「時代」的概念，再去理解媽媽當年跟我說的那句話，其實就合理了。試想一個沒有Google翻譯、智慧型手機尚未普及的時代，誰掌握了特定知識——醫生、技師、律師、教授、老師等——人生大概就比較容易勝券在握。在那個時代，英文能力被視爲專業技能，並肯定其價值，其實一點也不意外。不過我必須補充一點，語言能力在每個時期的勞動市場中產生的價值，也跟文化、政治、經濟發展，甚至貿易等政策制度走向有關，但我在此想著重的是——年輕人在選擇一項技能時的思考方向。

然而，父母眞有這麼傻嗎？他們眞的以爲時代不會變，僅靠舊社會價值觀就能判斷未來？想想也不然。在我念高中時（二〇〇三至二〇〇六年左右），家用電腦已普及，電視新聞天天在討論通訊軟體與科技發展進步等議題，我父母也成天嚷嚷著不懂怎麼用電腦，自己快老化、跟不上年輕人了。所以，並非父母沒有預料到時代的變化，而是大多數人都沒有預想到時代會變化得「這麼快」。

線性思考模式，讓你的技能一文不值

沒錯，這不只是時代變動的問題，而是整個時代巨幅變動的問題。過去，五至十年的時間或許不會讓環境與生活面貌有太大改變，因爲就算硬體設備、國家建設讓整體經濟飛快成長，也是以一個五年、一個十年在算，多數上一代的富豪，例如李嘉誠、王永慶、郭台銘等白手起家的人，就算有乘上這個風頭，也都需要時間與數十年的積累才能達到一定的富裕程度。但現在，馬克．祖克伯、馬雲皆能在極爲濃縮的時間裡晉身富豪。回顧父母的時代，在他們念五專、大學之前的高薪職業趨勢和畢業後差不了太多；然而現在，卻完全不一樣了。

我們念大一時的社會現況與走向，跟大四畢業那年相比，通常很不一樣。巨大的變動幅度，在濃縮時間裡更能顯現，產業結構、經濟結構、薪資結構、生活消費、社會人口組成結構等巨大改變，更會加劇互相影響的結果，因此

「十年如一日」的社會縮影根本是不可能的——事實上，連三、五年都不可能。這也是爲什麼想要做出一個相對接近正確的選擇，雖然「獲取大量資訊」是首要條件，但關鍵還是要以「立體的思維」去分析手中握有的資料，才不至於用單一的線性思考以果導因、依偏見下結論。

不要忘了，思考，是最大的關鍵。所以在此特別深度分析思考時容易陷入的盲點，也就是「線性思考模式」。

線性思考模式是多數年輕人（也是以前的我）會一直犯的錯誤。一旦思考維度缺乏X、Y、Z中的Z——對空間感、時代背景產生變動因果的維度——導致以線性方式思考手中籌碼與現在和未來的關係後，就無法做出解決問題的正確抉擇。若靜下心來細想這類思考方式的影響力，或許就能理解，一項思考的結果（選擇）足以讓人生走向截然不同的道路。

在臺灣，多數家庭還是以中產階級爲主，而這樣的背景出身的年輕人，在一樣的教育系統，以及大同小異的社會價值觀、華人文化浸淫下，每個人握有的籌碼與資源其實不會差太多。因此，思維的掌握，即能跳脫多數的「跟風選擇」，讓你在進入勞動市場時，立刻拉高競爭力與一段時間內的成長幅度。

反觀我到新加坡工作後發現，屏除它的政治與經濟、文化層面影響，新加坡年輕人的產學脫節問題，與臺灣相比反而沒這麼嚴重。菁英主義的教育方式，讓新加坡從小學就有聯合會考，更不用說國中、高中了。他們的大學數量比臺灣少很多，錄取率低、就學門檻高，畢業門檻也高。在這樣的制度下，那些眞的懂得如何念書、適合念書、眞心堅持繼續念書的人擁有大學文憑，其他人則選擇直接進入社會，開始工作。幾個念臺灣私立大學的朋友，當年常常很混，父母很頭痛，本人也很痛苦，這都是因爲不太懂自己念大學的目的與意義。當初父母不准他們念技職學院，他們也認爲那是「低人一等」，但事實上，如果調查一下二〇一六至二〇一七年、二十至三十歲臺灣年輕人從事低進入門檻與技職相關工作的薪資比較，就會發現這句話很可笑！所以我的這群朋友只好得過且過混個大學文憑，現在卻不知道人生該怎麼過下去。

新加坡的大學畢業生，不像臺灣滿街都是，某種程度也保有了大學學歷的市場價值。而這樣的好處是：那些不執意拿大學文憑的人，就直接進入市場接受試驗，在短時間內去感受某段時期、某個產業、某項生意、某種工作類型中最能造就自己的成功模式。當臺灣年輕人正想辦法「混個文憑」時，他們已在不斷試誤與摸索。或許，他們並沒有刻意去想任何的「思考模式」，但身在其中且必須做出讓自己「生存下去」的選擇，其實就是一種親身體驗「時代劇變大於一切」的思維訓練，也因此，在選擇時很容易將這些邏輯納入思考過程。

下次，思考在短時間內——亦即無法利用長時間去累積能力、技術——「如何提升自己在市場上的價值？」「如何可以加薪？」或是「念哪個科系畢業後的薪資較高？」等問題時，別再以單一面向觀察到的現況（或過去的盛況）解構現在該與哪個產業（或職業）摸上邊，因爲那又會是一種「以果導因」的線性思考方式。

以下，直接以圖表傳達「線性思維」與「立體思維」解答問題的過程。

「線性思維」與「立體思維」解答問題的過程

目的	線性思維	立體思維	建議、備註
提升自己在勞動市場的價值	「多媒體軟體」「程式語言」等是目前很夯的議題，相關工作的人員薪資也不低。 ↓ 參加相關課程，考取證照。	檢視自身優勢與可能選項，找到可發展的利基市場，並加強相關技能、二技之長。 ↓ 著重思考點：自己	思考目標物發展的前因後果，並依循發展走下一條路，而非以當前的結果作為一條選擇之路。
短期內增加收入	為了增加整體薪資收入。 ↓ 主動（或被動）加班以賺取加班費，或是直接跳槽。	認清自己的技能、工具擁有的價值，與所在的產業擁有的局限，以長遠發展為前提，規畫短期目標。 ↓ 著重思考點：價值	為了在短期內增加收入，而尋找可立即轉換報酬的目標物，例如「單一小時的勞力報酬」，這樣只會更加消耗生命；而跳槽也只是在相同低產值與轉型未成功的產業裡繼續「廉讓」時間作為交易罷了。
如何選擇畢業後收入較高的科系	直接以「做選擇當下」擁有的資料做決定。 ↓ 例如以某大學科系「畢業後起薪」與「五年後平均薪資」多寡，為決策參考。	除校系資料，也應關注時事與未來趨勢，思考如何整合自身興趣及優勢，做出對自己最有利的選擇。 ↓ 著重思考點：時代	應參考當下，以及回推五年、十年前的畢業科系收入差異，並找出原因，加以推測未來趨勢，然後大膽的往趨勢做選擇。

關於立體思維，除了前述的正面影響外，它的主要益處是：思考者會在無形中，將自己的優勢置入選擇裡，並且看見未來趨勢。自行看見未來趨勢的重要性，在於它不是「聽說」或「跟風」的想像，因此，在你自己「看見」之後，你會更相信它的可能性及遠景，更加堅定的走往這個方向。而這種「看見未來」的能力，正是所有偉大企業家和成功者共同擁有的成功關鍵，例如馬雲、貝佐斯、賈伯斯、馬克．祖克伯等。這不是鬼怪玄學，而是一種能被刻意練習的思考模式（我將會在準則4、準則5分享這份「技能」的培養）。

練習思考上頁的幾個問題，應該可以釐清線性思維與立體思維的盲點，以及突破盲點後其結果顯示的選擇差異。其中，剛好有條思路巧妙帶出現在這個時代「一技之長」根本不夠的狀態，這跟現下很流行的「通才」概念有些類似。

別傻了，一技之長已不夠用！

為什麼我學的英文，明明在過去是個技能，在這個時代也算是個技能，目前在市場上卻不值錢了？

除了上述幾項因素外，我認為「技能」在市場上，說穿了就是一種「工具」，而工具的定義，就是一個能完成工作的器具。想到這裡，不禁打個冷顫，因為我在寫這篇文章的同時，新聞與各種科技新訊都在強調ＡＩ人工智慧、機器人將如何快速取代人類完成工作的角色。前陣子，李開復還出書探討這些問題的可能與危機，馬克·祖克伯甚至在現場關閉測試ＡＩ的直播，因為在測試過程中，機器人自我學習的程度已超乎預料。

如果你還沒清楚認知到自己的工具為何，或是到底能有什麼工具，那根本就快被市場淘汰了，最後你只能以極度低廉的交易跟資方或市場交換報酬。所以，低薪，真的只是剛好而已。

工具如果是一個用來完成工作、解決問題的器具，當市場上只有少數人擁有這項工具時，它肯定會有一定的價值，例如我父母那年代的「英文能力」就是市場上少有的。但如今市場上充斥這項工具時，「削價競爭」是絕對無法避免的。

透過這些例子，應該就能明瞭，你擁有的技能會在市場上失利，跟你本身和能力沒有太大的關係，反而跟「市場」比較有關。我們控制不了市場，但若想通這份技能「目前」在市場上擁有的價值，就可以想想應變之道了。

我提倡的方式，就是發展「二技之長」。

技能本身一定還是有市場需求，但當它開始供需不均、又被貶值去做交易時，就只剩兩條路可選了：

①加重該工具的強度。

②加深使用該工具的技能與方式而產生的第二技能。

第二項即是我強調的「二技」。

就「我與英文」這個例子來看，加重它的強度，或許就能找到利基市場——小衆且需要高程度英文的客群。所以我從實踐大學畢業後，或許可繼續以各種方法加強英文能力，甚至去考更好的外文系學校。

但就個人興趣取向而言，我對英文並無特殊熱忱，更不想從事翻譯、口譯、語言研究、文學等以英文爲主要活口工具的職業，所以這不會是我的選擇。而且，這種單一技能的深度訓練，與「特定領域頂尖人士待在大衆市場裡」的可能性極低，以及「機器快速翻譯、人工學習智能崛起」的未來趨勢，都是相違背的。所以，開啓「二技之長」的培養與訓練，絕對較能在市場上以「投資的時間、成本、風險」都相對低的關鍵獲勝。

並非選擇「專精二技」才是絕對正確的道路，但如果跟我一樣不想選擇「專精目前擁有的技能」，又不敢完全棄之，這是可以採取的變通策略。

所以，必須擁有第一技能的基礎，否則一切將淪爲空談。

如果我有基礎的英文能力，加上非常擅長使用社群網路、搜尋引擎，便能讓我在寫一篇文章時，得到更海量、甚至跨界的資訊。

可別小看這個資訊量，它能讓我輕易挖掘到很少人知道的某一名菲律賓、愛爾蘭、南非的年輕人在社群貼文中的想法，更能引導我到一處連聽都沒聽過的小鎮熱門論壇內，瞭解當地人正在討論的議題。對我來說，這直接輔助了我在經營的文章內容，讓它們更加多元化、有趣，進而產生更高的價值。

所以，就我而言，應以「明確增進自己的行銷、社群能力（二技）」爲目標，而非去補習、精進我的英文能力。

很開心我這樣做了。如此一來，我不但能完成兒時夢想，當個有讀者的作家，也不會跟媽媽嚇唬我的下場一樣，餓死自己。

靠著二技之長，發展第二職場

一位馬來西亞朋友的本業是會計師，雖然薪水不低（而且以同年齡的會計師來說，算滿高的），但她就是覺得枯燥，因爲每天只能面對數字。她只擅長數字，卻不想變成精算專家；矛盾的是，她也不敢放棄這份求生飯碗。所以她主動向公司提出「連續兩年不加薪」，並希望工作量不要再增加，讓她能準時下班。主管批准了以後，她開始上課學習做婚禮蛋糕。

她發現馬來西亞有很多專做婚禮蛋糕的人，店面都做不大，深入詢問相關產業的朋友、老闆、蛋糕老師後，才發現：明明他們的行銷與技術都不在話下，卻無法規模化成長。原來，這些技術取向的人很專注在做蛋糕，不擅長成本控管與人事管理，無法精確讓開銷與營收背後的數字分配得宜。

於是，她開始兼職在家做蛋糕、銷售，四個月後開了間小店鋪；兩年後，爲了第三間店辭職了。

我在新加坡最好的工作夥伴Peggy，也是一例。

她當年在臺灣念技職學校，主修護理，畢業後順勢進入臺灣的護理產業，但每個月過度操勞，自己的健康都賠了，卻只領到二十八K。

那時的她就決定：再累還是要挪出一些時間學習新技能！

Peggy首先嘗試了美容技術，而在不斷找模特兒練習、精進技術的同時，她發現這麼競爭的產業中，客戶還是會一直選擇她，就只因爲她有獨特的耐心和對客戶的細心關懷，而那就是從「原本想掙脫的第一技能」中訓練出來的。所以，在很多新手美容師急著靠新客戶練習（還收取不低的費用）時，她能以不收費、自己演練並累積客源爲前提來經營事業，同時靠著當護理師的收入支撐。

後來，這項新事業經營有成，她離開護理師工作前往新加坡。二十五歲時，已在當地開設了三間分店、一間美容學院。

那你呢？

或許你的第一技能不是語言、不是我舉的例子，而是其他的，那又該怎麼做呢？

其實你只要以「通才」的概念去思考目前擁有的技能或擅長的事，與「可以和其他事情」連結的點，就可以豁然開朗了。

我倡導的二技，跟一些課後、下班後的興趣養成還是有些不同。興趣不必刻意經營，也不必想著商業化，更不一定要與目前或是多年累積做的事找出連貫點，但二技的養成，是富含計畫性、連結性的，以極小化的風險，極大化額外收入的可能，也能探索人生新舞臺、新方向與機會點，同時可以不必急於拋棄現有的生活與工作，不必一定要在現實與夢想中立刻做抉擇。如此一來，比較能讓多數人願意嘗試。

準則 2
訓練翻牆國際觀

你為自己累積的價值是什麼？

自從開始闖蕩新加坡，努力撐過一陣子的辛苦日子後，我花了五年，靠自己熬到安穩且更接近理想生活的現況。這些歷程濃縮在我過去的文章與出版的書裡，讓我的生命擁有徒手創建的舞臺。

快五年了，創建這舞臺的時間表，就從我放棄臺灣二十二K的工作起，決定在粉絲團上，一字一句寫下親身經歷。

五年，也剛好是一個女生最精華的歲月，二十五至三十歲的時期。

「因爲我花了五年的青春年華耶！拜託，怎麼能不厲害！」

這句話，是我某次在新加坡電臺受訪，主持人問到我的「成功法則」時，我刻意戲劇性提高音量的玩笑回答。

但是你的五年、十年，甚至五十年，對世界上的其他人來說或許根本不重要，因為他們不認識你，而且這些數字之於你接近成功的距離，也根本無關緊要。如果努力的時間和成功機率成正比的話，這世界上大多數人都能成功了吧。

所以主持人直接回問我：「你親身經歷過谷底的狀態，一步一步爬上來，我相信那些感受和經驗成了你現在的籌碼。但這些過去，你認為哪些事才是眞正創造你個人價值的因素呢？」

是啊，要怎麼樣在一個舞臺上持續發光，其實才是個比較有意義的探討點。

要怎麼樣在努力創建了舞臺後，不讓它變成那種「別人給了你免費門票，你還不想去」的廉價舞臺呢？我想，廉不廉價的差異，就在於它有沒有觀衆心中承認並樂意接受的價（值）！

我剛到新加坡的那幾年，因為第一份工作的失敗，在垂死掙扎的邊緣，任何工作、任何機會都不放過。身處那樣的環境，認識的朋友都是拿著極低薪資的工作證類別，以及同爲離鄉背井狀態的各國青年。

記得那時，我室友的朋友，領著臺幣一萬八千元的月薪在這裡當廚師，就這樣做了一年。也有個月薪只有臺幣兩萬元的清潔人員，爲了省錢過生活，每天只吃兩餐，其中一餐還是公司餐……很多例子不勝枚舉，甚至有位奇人，他是當年我的中國同事的朋友，聽他說，自己在遼寧當了五年的專職乞丐，存了筆錢後爲了追求夢想，付給新加坡仲介一筆可觀費用，在飯店當房務人員，我認識他時，他才二十二歲。

另一個女生，在越南擺地攤，後來交了一個新加坡男友，爲愛跑來這裡發展。結果男友劈腿，她只好搬出來，好不容易找到了餐飲業工作，因爲薪水低，所以她跟其他三個女生一起住在一個小房間，環境不是很好，但也就這樣過了三年多。

他們的背景實在比我能想像得到的任何故事都精彩。雖然，我跟他們都沒有深交，但後來我換了幾個工作、生活環境好轉一點後，時至今日，都還有跟他們聯繫。

前陣子，我去了一趟越南，因爲需要一些當地的人脈，以便深度旅遊與瞭解這個國家的市場，所以不只請了新加坡區臺灣商會的成員朋友協助介紹當地人脈，同時也聯繫了那個爲愛跑來新加坡工作的女孩。

她在去年結束新加坡工作合約，回到越南定居，我跟她約在胡志明市見面。她坦承自己很後悔這幾年到新加坡工作，雖然薪水比越南好，但因爲喜歡吃吃喝喝，所以沒存到什麼錢。接著聊到很多越南年輕人的工作選擇、潮流文化、思考方式，也讓我對越南瞭解更多一些。

就在我們準備分道揚鑣時，她突然眼神異常炙熱，用簡單卻眞誠的英文對我說：「艾兒莎，我不懂你在臺灣算不算厲害的女生，但有天如果我能像你這樣，有幾萬個粉絲，還是出書的作家，我會覺得自己很成功了，怎麼還會想跑回來找我們這種沒長進的小女生？而且你不是政治人物或官員，不需要作秀，為什麼還會想要仔細聽我們這些平凡人物的故事呀？我實在不懂，但還是很謝謝你。」我只笑著回她：「沒有什麼人是眞的平凡或不平凡的啦！」她靦腆笑了笑，我就轉身走向剛到的Uber，上車了。

這麼多年來，我不斷在工作之餘，騰出時間採訪一些擁有自己一片天地的朋友，每次採訪時，他們都很緊張且擔心自己講不好，甚至有些人連要講什麼都不曉得。但往往我在他們的採訪文章下，可以看到許多網友的讚賞與支持，受訪者甚至還傳訊息給我，感謝我讓他們看到不同角度的自己，讓他們瞬間覺得自己原來可以不那麼平凡。

二〇一六年初，臺灣某科技大學的主任透過部落格聯絡到我，跟我分享新南向政策和學校的新方針，想請我幫忙讓系上的學生有機會到新加坡企業實習。隔天，我馬上找了幾個新加坡的老闆和仲介業者幫忙，多重牽線後，這些學生現在已順利在新加坡開始實習生涯。那位主任之後來到新加坡時，雖然沒見上面，但他在電話中一直感謝我的無私幫忙，讓他們系上的學生有更多國際機會。

二〇一七年中，因爲朋友的引介，認識了幾個香港老闆，他們剛好來新加坡出差。這些身價極高的總裁，在飯局上非常好奇，一直詢問我和臺灣朋友：「爲什麼現在這麼多臺灣人會願意離鄉來新加坡工作？」朋友支支吾吾，說不出個所以然，因爲他十五歲時，父母就直接幫他在新加坡買了個房子、請了幾個幫傭，讓他過著公子哥般的生活好多年，他根本不知道最近臺灣年輕人很夯「出走」這件事！我剛認識他時，還曾因爲跟他爭吵臺灣年輕人領二十二K會有怎麼樣的生活，互嗆了整整一下午。後來因爲我們個性直來直往，我跟他的女友也常常一起出去吃飯，就熟識了。透過這個過程，我也學習到怎麼跟不同背景和生長環境的人相處。不過，那幾個香港朋友的問題，當然只有我這種標準的「二十二K達人」能回應。

講著講著，雖然這些老闆對這個議題也沒有特別熱中，但是，其中一位就順口說，他們有幾個新加坡客戶急著找些懂中文的年輕人，之前請祕書和人資去找，都沒找到適合的，就請我幫他們找找看。

一個月之後，他來訊感謝我幫他們找到了幾個剛畢業但很優秀的年輕人，客戶很滿意，因爲他們都不曉得要去哪裡找「中文說得這麼好聽，又會閩南語，英文又不差」的臺灣人當業務。收到訊息的隔週，他又約了我吃飯，並且介紹給我另一群香港的富太太。那天聽談話內容才發現，原來她們是覺得澳門賭場不夠新鮮、不夠安全，所以定期都會來新加坡專門賭錢。

之後幾次的富太太來星之旅，我和她們都陸續見了面，同時，她們也意思意思跟我買了我的自創品牌面膜。有次，其中一位太太忘記付錢，我便再次提醒她，她突然笑了一下，當下我覺得她有些沒禮貌，所以有點生氣，但她在找錢包時，補了這句：「最近還眞少能看到這麼可愛又積極的小老闆呢！」當下，我沒多想。不過之後，也只有她會一直回購，甚至還幫我推薦給其他閨蜜。有次，我看到她在自己微信的朋友圈推薦了我的品牌，附註的文字是：「支持一下吧，都過了不知道幾個世紀，還真的都沒想起當年自己也曾這麼可愛的拚過呢！」

原來，這就是這些年來我爲自己累積的價值。

保持自身極大的彈性，遊走階級間

我的經歷、我的故事、我的溫度、我的韌性、我的彈性、我的視野、我的角度，讓我會跟不同人群、社交圈的人合作，交換互相缺少的等價事物，而能一直遇到幫助我的人，或至少在我眞的需要時，能從自己的人脈清單中找到適合的人。

事實上，不管再厲害、再有資源、再有錢的人，都會有些相當的需求：有錢人需要有時間或有他需求的能力的人來執行事情，居高位的人需要性格很好且不需要非常聰明卻值得信賴的人，有生意的人需要能幫他做生意的人，投資人需要能幫他創造出小生意雛形的人……這些我們平常認爲很難有合作點的人，只要你清楚知道他們的需求是什麼，就很容易在他們面前有價值、有機會。但前提是，你要有那個彈性，遊走在上下左右的階級間，而那個彈性，是裝不來也硬學不到的。

在此，先做個比較。我離開臺灣到新加坡前，當時雖然領著二十二K，但因爲吃住都在家裡，每天遇到的人事物，從基本的大學固定班底，變成了工作上認識的新同事和客戶。雖然生活有些許不一樣了，但總的來說，會打成一片或繼續變熟的同事、朋友，就是表面上「個性較合適」或「志同道合」且跟我相差不遠的人。當然，我曾試圖在臺灣的人脈圈或朋友的朋友間，認識一些社經地位較高的人，但因爲眞的不是「同溫層」的人，相處起來，我一時找不到特別目的或能夠合作、切入的來往模式，也就實在找不到任何動力讓自己打破固有的生存方式，畢竟就這樣省吃儉用下去，偶爾能有個小確幸，人生也不會太差。

但到了新加坡，一開始的挫敗讓我很需要一份收入，所以前面提到的那些人脈，都是我在這個時期自發性到處結識的，只有這樣，才能最快得到企業面試機會。

當時，被冷嘲熱諷、被笑稱臺勞、被有錢人笑「怎麼不嫁給有錢人就解決了」這類極盡侮辱的話，讓我比過去在臺灣跟這些「不同層級」的人相處起來更加難受。但當時，我竟然能想都不想的就忍過，想都不想就能夠不以爲然，只因爲——「需要生存」。

後來，慢慢爬上穩定生活，我還是不忘在這個讓我沒有安全感的國家，繼續爲了維繫「穩定生活」，往更厲害的老闆、更大的商會及社群靠攏，去認識更高層級的人。

直到有一天，我已經爲自己奠定理想生活的基石，才發現，自己已經不會有過去的「階級相對化」認知——在很有錢、很厲害的人旁邊，我因爲比較年輕、比較沒有作爲、收入和資產少很多，而認定我跟他們很不一樣。說眞的，我只是現階段的生活、生命狀態跟他們不一樣，不代表以後，我的狀態不會變得更好。

寫這些是想對大家、甚至對許多「選擇仇富」的年輕人說：我可以理解你們、理解過去的我，爲什麼這麼討厭有錢人，爲什麼對我們來說，在衆多敵人間，先選擇仇富會比較好過，原因眞的很簡單，實在就這麼兩個點：①因爲他們看似太輕鬆就擁有我們沒有的，或更慘的是，在你所能想像的範圍內，再怎麼努力，而且是眞的眞的很努力，或許一輩子都得不到他們那樣的生活。②少數有錢人眞的很爛，我講的是眞的爛！人品爛、教育爛、性格壞掉的爛。但話說回來，一些沒錢的人，也可能性格人品都爛，所以這不應該是主要原因才對。意思就是——如果，你是以這個爲主因，應該要改變一下自己的思考方式，否則會影響到你思考其他事的慣性。

可能有些更憤怒的人看到這裡會更生氣，而且有辦法再想出幾十個討厭富人的原因，但請聽我說，因爲我眞的理解現代的我們面對的絕望、痛苦、恐懼，以及種種的「不公平」，所以更希望能幫助大家脫困。而脫離這些困境的第一個方法，就是「跟上趨勢」，而不是變成逆勢本身。

現在整個大社會群，甚至是國際趨勢，正走向（其實已經到達並超過了）多年前談論的「世界扁平化」，甚至有一大群專家在當時熱烈討論「地球是平的」議題（當時的火熱程度，還有一些人半信半疑，那程度跟現在大家探討AI的盛況差不多）。既然這個趨勢已經來到，我們必須更精確的思考這件事，並延伸至它跟你我，以及它和你我未來的關係，因爲這已經不只是在講國際化、地球村，那邏輯是在講：世界上每件正在發生的事，以及未來世界和巨大社會群看起來會是什麼模樣——「一切事物終將扁平化」。

「扁平化」就代表去中間化，中間沒有落差、藩籬。如果有任何落差或藩籬擋住，它不但是阻礙快速發展與成長的因子，也會是大趨勢的逆向運行點，

因此，都不會被趨勢潮流代謝掉。

舉例來說：以前要打電話去國外，必須先轉接到一個中繼站，接著再到當地的中繼站，才能到達對方那裡；後來，國際電話讓中間減少一個中繼站；再後來的現在，用免費的網路、App就可以直接聯繫到對方。

過去，想要紅的「素人」必須去很多演員訓練班，多方設法讓經紀公司相中，才有機會被群眾看到；但現在，每個人只要拿起手機，都有一個機會，讓你跳過經紀公司成爲網紅、部落客。

二〇一五至二〇一七年在新加坡最流行的FinTech，能得到青睞的都是可以「去中介化」的項目，像是專門讓在新加坡工作的菲律賓人直接大量（換）匯錢回家鄉的App，不需要實際跑去換匯中心或銀行。這幾年最火熱的臉書、Uber、Airbnb，都一個個推掉中間媒介的牆，直接把媒體（代理商）去掉，讓品牌直接擁有媒體管道對接客戶、觀眾群，讓司機和房東不仰賴中介組織的分配，直接跟願意上門的人做交換（交易）。

當這世界的一切都在打破藩籬時，如果我們只爲了一時的爽勁，選擇仇富而不是合作，就改變不了自己的狀態，不管想改變的狀態是變得更有錢、更自由、更多機會實現夢想，都不可能了。我相信，想要翻身，就必須翻越心中的那道牆。那道牆會是一道藩籬，阻隔你的機會與壯大的可能。也就是說，想要讓人生徹底翻轉、翻身，就必須學會翻牆，而你要不要翻那道牆，往往就在一念間。

可別以爲那道牆只有仇富而已，就我的觀察和親身經歷，新一代的年輕人或是我們這些七年級生，就算生長在資訊爆炸時代，思考還是很容易處於封閉狀態。仇視政府、體系、資方、他國、其他文化，這些都不會只是「說說而已」，而會在自己的潛意識中蔓延，行爲舉止受其控制、限制。這道牆會在無形中根深柢固的被建立起來，阻隔自己。

不把國界放眼裡，商機就是你自己

要打破那些心態築起的高牆，還有一個很確切的實例可以分享。

大家很喜歡談的「國際觀」，本質上和「翻牆」的概念是一樣的。前一段寫的是翻過「階級」這座牆，國際觀則是翻越「國家與文化」這道線的牆，也就是「跨越國界」的視野。

前幾年的某日，我在新加坡與友人吃飯時，認識了一位馬來西亞朋友的兒子，他雖然是馬來西亞人，但出生在新加坡，也在這裡成長。當時，對這個小朋友的第一印象很不錯，因爲他看起來很有禮貌，也有種異常的成熟感，不太像一般的十五歲少年。在跟他的媽媽聊天時，原本他在一旁很專心的聽，結果在朋友談到自己公司這兩年在中國的營運狀況，提到紅色供應鏈，又提到工廠管理的問題後，他突然說：「媽媽，你想瞭解當地工人的基本問題，應該去

『知乎』一下。」

他的媽媽雖然很常跑中國，卻顯然不知道「知乎」是什麼。兒子則篤定的繼續侃侃而談，後來講到別的事情：「而且，上次我看見朋友的哥哥與一位從英國來的業務談生意的方式也不對。和英國人握手不能用臺灣和中國那種方法，握很久又一直用力的搖來搖去！」

我很驚奇的看著這個小孩，竟然講出了很多我這幾年跑遍十幾個國家才懂的事。問他是不是很常出國，才會知道他國的文化與禮節，他說：「我沒有離開過新加坡，但是我會英文和中文啊！」他雖然只是簡單說了一個「會語言」的邏輯，但我想通了。

對多數人來說，「增加國際觀」就是個常出國、多認識不同國家的人的任務，但這個小朋友，卻真的執行了。

大前研一曾在書中給了「國際觀」一個清楚的定義：「知道世界發生什麼事，並且對這些事有提出觀點的能力。」這個定義其實很清楚的解釋了「知識」與「觀點」這兩層能力對國際觀的重要性。我想，這個小孩已經做到了擁有國際觀的第一層起步，亦即靠自己搜集到的知識，主動去瞭解世界發生什麼事，而非透過媒體與被動的傳遞，取得片面與被別人曲解過的資訊。擁有這樣的能力，久而久之，也不難產生一些自己不同的見解角度，進而演變成觀點。

他跟我說，因為他會英文，所以在Google一樣的資料時，看得懂美國人跟歐洲人不同的解釋與想法，「那是跟同樣講英文的新加坡人，完全不一樣的想法角度！」他興奮的說道。他還提到，最近發現很有趣的是，新加坡有非常多華人不太懂怎麼跟中國人做生意。他因為看了很多中國的影劇，發現中國人講話與思考的邏輯還是跟馬來西亞與新加坡的華人不一樣，所以每次他看完一部劇有疑問，就去「百度」一下，或者上「知乎」詢問一下。

我當時馬上傳訊息問去中國玩過兩次的弟弟：「你知道知乎嗎？」但是，他卻回了兩個問號，讓我很憂心。

這個小孩看我們聽得起勁，也就沒完沒了的繼續講下去，讓我不禁回想起當年念大學時，教英文的教授不斷告訴我們的一句話：「如果沒辦法認清語言是工具，這輩子不論你學了多少語言、學得多好，都不太能幫助到你。」

試著以工具這條思路去琢磨，就知道，爲什麼有些人語言能力並不是非常優秀，卻可以用他的「破英文」跨越國界與文化藩籬，在異地做生意做得很好，擁有廣大人脈，並且能持續得到當地與不同文化的資訊；有些人，一樣擁有語言這項工具，英文很好，卻反而不太敢說，甚至不知道世界發生什麼事。現在，甚至有人根本沒有那項語言能力，但能運用手邊的科技與網路，讓其取代自己缺少的工具，足不出戶就能略知天下。

這樣聽下來，國際觀若非跟語言能力成正比，主要的關鍵就在於——「自身翻越國界的能力」。而這個能力的有無，則取決於你在不同國界與文化間，築起的是一座橋，還是一道牆。

挑戰傳統，翻轉未來

去年，我在粉絲團直播介紹了一個在新加坡創業的臺灣男生Carlos，他帶著老婆很熱情的談論自己的公司。印象很深刻的是，在直播時，我不斷驚呼這趨勢的可能性，以及可以改變我們生活型態的機會，但現場同時有幾位剛從臺灣來新加坡旅遊的朋友，以及線上大概有兩百多個臺灣人聽著，卻不這麼驚訝，因爲他們認爲這個想法好像太過「新穎」或在「很久的未來」才會發生，所以不是很有感。我卻完全不這麼認爲，直播後立刻轉身對他說：「哇，我保證這絕對百分之五千，就是未來的我們或是我們的子孫工作生活的樣貌。」不料，他回答：「不是的，這已經發生了！國外都開始流行了！」

在我們講打破階級、國界、文化的同時，另一個很難被打破的疆界，我認爲非傳統的固化體系莫屬。所以，當Carlos說自己做的不是普通的Freelancer（自由接案工作者）平臺，而是一個連結自由工作者與新工作體系的平臺時，我還疑惑的問：「是什麼意思呢？」

目前已經很普及的自由工作者、兼職接案者的網站，光是臺灣，相關網站或論壇不勝枚舉，但是自由接案者與雇用他們的人，都會遇到相同的問題：品質不確定，管理很麻煩。就長遠考量而言，這即是多數企業最終仍會雇用全職員工的主因，畢竟潛在的變動因素、風險太多，可是會讓生意和管理都有很多問題的。

因此，他們的網站不只是一個搜集自由工作者、讓雇主在上面尋找的平臺，而是嚴格篩選、顧及品質，並花不少心力去找到合適的自由工作者，還有PM（專案管理經理人）。這樣一來，雇主就不需要單點式的東找一個平面設計、西找一個文案，直接丟出一項專案需求，這個平臺Slasify，就會媒合一組自由接案者團隊，外加PM給企業。

曾經有幾個越南、馬來西亞大型工廠需要轉型做品牌，並新找一個跨領域的客戶，但都不敢因此馬上成立一個新的部門，因爲若先爲此去找一個七、八人的團隊，組織與原本的人事和資源分配都需要變動，也需要再騰出一大塊實體工作空間。算一算，如果這個新計畫不小心沒成功，到時候解除合約或讓這些人離職，都是很大的成本。

於是，他們找上Carlos提供的服務，讓他們等於在線上有一組新的部門，且這部門裡，有非常資深的臺灣企畫師、語言能力很強的新加坡人、成本較低的菲律賓人，還有幾個他國的ＰＭ，做爲管理各地自由接案者的窗口。這樣一來，比起用傳統方式在當地尋找外國專業工作者，並提供交通住宿讓他們在當地工作，還有針對不同國籍者的稅務問題，企業端整體省下了約二十％的成本，還不包括管理、招募，以及前面提的交通成本。最後，這幾個大廠靠著這些各地的專業人才，成功拿到新訂單，也開始了自己的品牌，到目前爲止都做得非常好。

看到這個例子，就可以大概瞭解整體面向了吧。如果企業在省下這些成本與風險時，還能繼續有好的生意表現，那自由接案者可以得到的，就是比外面的接案情況更大的穩定感，以及更豐富、更國際化的經歷，甚至有不少接案者因此能逐漸增薪，這是一般混亂的自由接案市場少有的狀況。但對我來說，這些都不是最關鍵的，最重要的是：一個接案者只需要靠著自己的技能，甚至不用語言能力——Slasify請PM的關鍵就是作爲中間的溝通橋梁，可以減少語言、文化、技術知識的障礙——不用出門，靠著一部電腦與網路，就有機會接到世界各地的工作。

這當然也是因爲世界上多數的廠家與品牌開始需要國際化，還有歸功於網路的急速發展，但如果缺少了點想像力，以及透視傳統與新興工作型態的能力，那你就完全預測不到或看不到了。

「傳統」累積下來的任何事，都是時間和系統組織與人性一併擬成的慣性狀態，所以，要打破這個狀態，實在太難了，就像要打破舊有的企業組織、公司體制、工作系統一樣。但是看到Slasify這樣成功打破傳統的案例，還有國外更多已經以此模式在執行的案例，我發現已經有很多地方在悄悄的變動了。

這些變動最直接影響到的，就是我們未來的工作與生活型態，像是在家或遠端工作的概念，或是一個人能身兼數職卻一邊旅遊。這些改變是可以發生在我們身上的，只要我們不被過去僵化的傳統工作模式禁錮，開放的去看待這些已經朝著我們而來的趨勢。如此一來，不管我們是需要工作的人、企業端、整合兩端資源的人，都能從中獲取比過去的模式更大的利益。至少對我來說，如果身爲一個接受工作的人，時間上的彈性自由、省下的交通成本，就已經是最大的益處。

因此，不管是翻越傳統、階級或國界，只要練就這份翻牆能力，我相信就算你還是同樣的你，只能擁有有限的資源，這個思維的更動將會讓你看到前所未有的機會與改變。因爲我看過很多眞實故事，就算先天資源很有限，生長環境與背景不優渥，只要能掌握這思考方向且善用，通常都會看到過往看不到的可能與自己，進而找到人生的轉捩點。

準則 3

擁有不務正業的想像力

人生最大的風險：平凡又遺憾

過去三年，我陸續到臺灣一些大專院校、高中與私人進修機構演講，主要都是分享自己的故事與一些想法。有趣的是，這些經驗讓我發現，每當臺下聽講的學生，聽到我激情鼓勵他們努力「發掘並追隨」自己眞心所愛的事，甚至計畫將這些事變成未來養活自己的工具時，他們多數都非常不解，有些人甚至質疑——他們認爲自己的能力不足，因此就算喜歡某件事，也不敢奢望；也有人認爲，即使選了自己不喜歡的科系，因爲已念到一半，就算想要重新選擇也不敢，當然也有些人是因爲家人不贊同……

種種因素都讓我驚恐與不解，原本以爲在這個資訊爆炸的時代，年輕人都能透過網路看到各種故事、各種可能的人生路程，怎麼還是跟八年前的我們一樣，在同樣的問題上鑽牛角尖、直往錯的方向找答案呢？難道是在教育體制、（多數中產）家庭背景、社會風氣影響下，這年紀學生的思考模式就是如此？

還是學生時期社交生活圈的局限，讓他們（和當時的我們）很難想像人生有更多種可能呢？

這問題眞的不容小覷：如果年輕人在這個相對有籌碼的人生階段——體力最好、時間較多、思考尙未完全被社會化——不對自己的未來抱著最大化的憧憬，那往後要能勇敢做夢或成爲「眞正想成爲的那種大人」似乎就更難了。

一次我在某大學演講時分享了一個想法：希望大學生可以從大學就開始練習創業，盡量先以不需要過多資金爲前提去計畫，並具體列出計畫的階段目標與執行方式，很多時候，就在這個時間點產生第一個MVP*（註）了。

當下，有一位同學舉手打斷我問道：「艾兒莎，我家裡經濟狀況不好，平常就在餐廳打工，因爲我一直夢想自己能有間餐廳，自己當廚師和老闆。但是

※註：MVP（Minimum Viable Product）是創業中最小的可行性產品或模型。

因爲家人希望，畢業之後還是從事與大學所學相關的職業，才不會浪費自己投資的金錢和時間，再加上……」

他講到一半我就知道他要說什麼了，於是我直接回問：「再加上，你和家人都沒有錢支援，讓你能有創業的機會，對嗎？」他苦笑著說：「對啊，我是眞的算過了，到時候找份工作，就算我眞的爲了追夢不顧一切去當廚師，每個月扣掉要幫家人負擔的房貸、保險費、自己的生活費，也要在十多年後，才能擁有機會創業；即使我選擇安全牌，選擇系上學長姊畢業後做的幾項高薪工作，如企業管理經理人、業務、顧問等，也要在畢業工作六、七年後，才能有第一桶金去創業。而且創業失敗率這麼高，我眞的不敢賭這十幾年的存款和時間，到底該怎麼辦？」

其實很感謝那位大三學生願意分享自己的恐懼與思考過程，因爲他確實反映出，在背後沒有富爸爸撐腰的狀態下，面對這些無法預估與承擔的風險時，大多數人會下的定論及最後選擇的走向。

當然，在這裡我不多談創業失敗率究竟有多高，以及他提到的預備金、週轉金等創業細節。我想要跟大家分享的是，當時我聽完他這段話，是怎麼樣花三十分鐘解釋、說服他從「創業不可能太成功」的想法，轉念爲「創業有機會成功」。

他的這段分享，其實可以分成幾個我們常會遇到的問題。首先，「要創業，還是不要創業？」這同時問的也是：「到底該追求自己所愛，還是追求自己所能*（註）？」總而言之，就看最後你做的是「高風險」還是「低風險」的選擇。

當然我們都知道，高報酬往往伴隨著高風險，而低風險，通常報酬也相對較低。在談論投資時，個人要追求哪種策略和結果，都應予以尊重，也沒有什

※註：這裡的「能」不一定是擅長或專精某項技能，而是指因現實狀態，被迫選擇當下能做的事。

麼好比較的。但我們在談論的，並不是某個投資標的物、某支股票，而是非常短暫、珍貴且重複不了的「人生」，更重要的是，這人生可是自己的啊！

所以，我第一句話就告訴他：「如果在人生的這趟旅程，你試圖選擇安全、舒服的路走，並認為這樣的（低）風險是你可以接受的，那就錯了。」對某些人來說，這段話可能過於偏頗、激進，但我之所以會這樣說，是希望大家多思考一下，自己人生中眞正的風險到底是什麼？如果你直覺想到「失敗」「浪費」「一無所有」，那你就該重新認眞思考「風險的本質」。

如果二十五歲那年，我來到新加坡闖蕩，沒走到現在這一步，沒讓我像現在一樣能自力更生，過著自己理想的生活，得到自己夢想擁有的事；假如當時我半途而廢，或是運氣太差，眞的怎麼樣都找不到工作，就回臺灣了，至少我能問心無愧的面對自己，至少我為自己的理想、夢想這樣孤注一擲的試過了。我的人生也至少多了一個篇章，叫做「出國闖蕩」的歷程，或許會有些難過與惆悵，但不至於一生都帶著那句「早知道就……」的遺憾度過。

反之，剛畢業時我在臺灣領著二十二K，少了那些苦惱和冤枉路，走著這樣低風險的安全路，生活中的痛苦、碰撞、挫敗感大概少很多吧。但仔細想想，這些舒適期的低報酬，眞的太低了。與二十二K的收入和夢想走向毀滅的人生相比，我不認爲這份舒適感彌補了什麼。繼續待在臺灣領低薪，過著我討厭的生活，當著我不想當的自己，同時繼續空想我能做些什麼事，空想或許可以怎麼做，而不實際去行動……這樣的人生型態帶來的空洞，哇，我還眞的承受不了呢。

我強烈的認爲，在人生中，朝著你沒思考過本質的低風險路走，根本就是零報酬的路，因爲我們的人生絕對承擔不起自己的這份平凡、遺憾與空洞。除非你就是想要這樣平凡與平淡的人生，那其實也可以，只要你眞心享受其中。只是，在我的生命裡，我自認最無法承擔的風險，就是平凡又遺憾的度過。

左右為難，乾脆走中間路線！

說到這裡我慷慨激昂，但還是要回歸到每個人自身的狀況，去看看怎麼讓自己突破那位同學提到的問題，開始走向「不平凡」的人生。

首先，可以試著像他一樣，把生活中這些阻礙自己發展的問題，以有條理的思考方式列出來，再歸類到前段提及的「高風險」或「低風險」議題。

再來，如果你跟我一樣認同繼續走著低風險的路，並不會將你的未來導到你期望的樣貌，那就跟著我一起選擇另一條路，翻轉人生吧。

事實上，這條路誰都知道。它不是什麼祕訣，更不是祕密，只是你有沒有多用點創意和無邊無際的想像力，去從這幾個活生生的選項中，走出屬於自己的一條路。

從小到大的考試與教育，都在是非、選擇題中尋找正確答案，非黑即白，讓我們慣性的認爲，只能在二分法邏輯中選一邊站。這樣聽起來確實有點哀傷，因爲比較務實、實際，喜歡選擇「安全」路走的人，好像就眞的別無選擇，被迫無奈下，只能背棄自己眞心所愛，或是背棄自己眞心想試的人生。

但現在，你應該跟我一起試試看：面對每個選項，如果我們可以淘氣的選擇那邊一點、這邊一點呢？這就是本章希望和大家分享的概念：多一點想像力，少一點給自己的限制，對自己的人生和選項多點「不切實際」的幻想，你將會發現，原來我們的選項，可以有這麼多！

當時我請那位大三同學思考看看，如果我提供的建議是：現在先不選擇要不要創業，而是先來場「微試驗（微創業）」呢？如果你能在追求自己所愛的同時，也追求自己所能，最後選擇高風險那條路，但以一直降低風險的方式去走呢？

這段話聽完，第一個正常反應，應該是翻白眼大吼：「這種話誰不會講！跟風涼話有什麼差別！」不意外的，那位同學立刻回：「蛤？這樣當然好啊，不過……怎麼做？」但冷靜下來思考一下就會理解，爲什麼這麼容易、你我都知道的道理，在生活中卻不懂得怎麼運用。

來點不務正業當前戲

當年我一開始在新加坡很不順遂時，臺灣的家人和朋友都很擔心，卻又幫不上忙。到後來因爲一直找不太到工作而沒有收入，連我自己都開始超級害怕隔天能不能塡飽肚子。

那時剛好有位親戚聯繫我，請我幫他分擔幾個翻譯的案子，也有新加坡友人問我要不要去當她女兒的中文家教，但是，我都回絕了。我的家人氣得直跳腳，他們無法諒解在這種節骨眼，我怎麼還敢拒絕別人好意，斷了讓自己溫飽、活下去的機會，甚至覺得我是因爲懶散才這樣推託！

也是在那個時刻，我的恐懼、靈感與各種不安的情緒感受一一湧現，尤其又是在異鄉這種場景，在我腦海裡，自己就像小說裡的主角。

那時的我告訴自己，我怎麼能不做一點「眞正該做又好玩的事」呢！於是，我決定把每天的心路歷程記錄下來，分享在部落格中，而拒絕了那些能暫時塡飽肚子的選擇。

「你……你，你，你，你這是不務正業啊！」後來我找到新工作，有次回臺灣，媽媽聽到我房間半夜一直傳來鍵盤敲敲打打的聲音，就衝著我這樣吼道。那時我抬起臉，眼睛乾澀無比，用蒼白的臉色對她充滿疑惑的說：「蛤？」她繼續嚷嚷著叫：「每天不休息，一直玩電腦，你們這些年輕人就是沉迷在電腦裡，未來不就完蛋了嗎！」

她氣呼呼的關上門，提醒我趕快休息。我當時眞是百思不得其解，什麼叫做「玩電腦」？我從大學開始，找資料、做報告、交功課、跟朋友或男友聊天，都一直在用電腦啊。

我們生在這個科技資訊盛行的時代，但長輩們不是；我們有自己對新媒體的感官直覺與敏銳度，這是長輩確實沒有的。他們沒有這敏銳度，是因爲目前所有的新媒體，主要受衆與強度使用者都是年輕族群；更因爲這樣，我們理所當然的不太在意擁有的這項技能與工具，而他們理所當然的認爲，這是不務正業。這些都可以理解，卻不能繼續被忽視。

所以，長輩與學校教授、老師，並不會鼓勵我們在大學時，在家嘗試做菜、拍成影片，到處找人按讚宣傳、經營自媒體，把自己的興趣轉型；反之，他們多數還是會鼓勵學生在課餘的時間去進修學習、打工、參加社團等，去做這些在他們思考中比較有效益的事。這當然沒有不好，但是對一個未來想開餐廳、現況卻看似不允許的學生來說，長遠看來，每件事的效益都要拉長去評估並最大化。

自媒體的養成，一開始最需要的是時間與心力，而不是錢。

在大學期間選擇累積建立自媒體這條路，剛好也符合「低成本、高耗時」的特性。這樣做下去，最壞的狀況是，或許到大學畢業時，還沒成爲紅人，還沒能夠找到贊助與多餘收入能開餐廳，但它可以持續提醒你，當年的初心爲何、夢想還在哪裡等著你。或許，你還是會被迫在畢業時找份自己不這麼喜歡且跟夢想無關的工作，但是有收入與穩定生活時，這些每個月拿到的現金薪資，卻可以慢慢的「投資」到自己的媒體上，去宣傳、去擴大，而不只是吃喝玩樂使用掉，或只是放入定存投資裡，等待投資報酬率極低的結果。

這些例子實在太多，不勝枚舉。想起國小時曾經寫過一篇作文，內容是我長大想出書當作家，而且因爲當時的我很喜歡電影《獅子王》，所以希望長大能成爲影評人。那是媽媽帶我到電影院看的第一部電影，我們先全場起立，再一起唱國歌，坐下以後，看完了整部讓我震撼不已的電影。所以，當天晚上我在聯絡簿再次寫了一段心得：

「今天，我的心ㄉㄜˊ就是決定當一種人，那種人是媽媽說，可以一直被免ㄈㄟˋㄧㄠ請去看電影，然後別人會很在意你分享的ㄉㄧㄢˋㄧㄥˇ心ㄉㄜˊ的工ㄗㄨㄛˋ。」

後來，媽媽打電話給老師，跟老師說，必須讓我知道這種職業要國文很好、文學造詣很高、家庭環境很好，我是不可能了，因爲每次國文考試我都是全班最後一名。

或許吧，或許以前那個年代，都是眞正的文學家、影視製作相關背景的人，才有資格出來做評論。但現今，至少二〇一八年的現在，全臺灣收入最高的影評人，是一個叫谷阿莫的網路紅人，他只用自媒體與新媒體的操作法，以及自己的觀感去分享一則影片，而不像當年媽媽說的，必須要高程度的文學造詣才能有所成就。

去年看到一則新聞，韓國首爾有個一九八八年次的女生，大學畢業後做著自己很不喜歡的房屋仲介工作，只爲了在高物價的城市開銷與生活費中，求到比較好的生活。但在工作之餘，她還是不放棄追求自己更想要的生活，因此基於興趣，每天下班後就獨自吃飯，順便開直播。慢慢的有廠商贊助她、有業配找上她，後來，在她一個月收入將近臺幣六十至八十萬元時，辭掉了仲介一職。

這是時代造就的環境與變化，誰都可以不懂，但你我絕對不可以不懂，否則，就無法有這些可能。

從最拿手的小事開始，發揮想像力

在這樣一個世代交接，新舊媒體、傳產新創交叉的時期，任何事都比以往更能輕易觸及，至少自己的舞臺和機會點不再那麼遙不可及、任人掌控了。我們要做的，並不是一窩蜂去看哪些事又變成浪潮，然後急著追上去，而是要好好的停下來思考，忠於自己內心想做的事，或是做你目前明明在行的事。

爲什麼要仔細思考？因爲你在行的那件事，有可能是非常、非常小的一件事。以我的好朋友章潔爲例，她前陣子從紐約回臺灣辦了自己的攝影展，在展覽會場中擺放的幾幅作品，皆是得過無數世界攝影大獎的肯定，其中有幾幅在歐美、中國談論度頗高的，就是她的藥浴系列。

這系列的作品，有她自己的故事與想傳達的訊息，在此就不贅述。我想說的是，這些作品之所以得獎，我認爲在於她的手法——「自拍」——所帶來的風格，而這也正是從她最擅長的事作爲起始點。沒錯，她在自己家中的浴缸，用自己的相機設定，自己拍自己。

我們兩個一起念大學的那四年，章潔就因爲外表甜美可人，在課餘時間很愛自拍，三不五時就會以很美的大頭照登上無名首頁。但自拍這件事，全世界的大人小孩都會，並不足以掛齒，或者因此成爲攝影師。所以，在她從自拍找到攝影的樂趣時，不敢宣揚這個原因。只是，章潔從不忘記自己最在行詮釋自己，所以到了紐約後，不斷在不同的旅行中、不同的狀態下，拍下自己。最後，她發現自己最迷人時，不是側臉四十五度或燦爛的笑，而是那個在旅程、感情、書香、氣氛中備受療癒的「自己」。

有天她專程打Skype給在臺灣的我，興奮的說：「你知道自拍也是個境界嗎？而且我來美國後，才發現好多人都會用很不同、很藝術或很瘋狂的方式自拍耶！我以前不該小看我在行的這件事！」

過了幾天，這些作品*（註）就從她手中誕生了。

我認爲，我們都該很努力追尋自己在行的小事，而對這件小事，你必須擁有很強大的想像力，去想像它可以讓你成爲什麼、成就什麼，絞盡腦汁去想，這件小事可以最大化到什麼地步。不一定是因爲它會帶給我們巨大的財富或功成名就，而是你將能從中找到存在的價值，或自有舞臺的成就感。

在此分享幾個能發揮想像力、讓人生增加可能和機會的小方法：

※註：章潔的自拍系列作品 http://ancajaier.com/portfolio/chinese-herbal-bath

①多跟不同文化、語言、種族的人深度交往，盡量多談論一些較嚴肅、涉及觀點與個人想法價值觀的議題，並多聽聽他們說故事。例如我常常會請我的韓國、美國、非洲、巴西朋友講他們最近在追蹤哪些人物、有哪些特別的故事，或是自己身邊有哪些奇人異事等。如果找不到方法去接觸這些朋友，建議可以多參加社群、利用社交軟體，或是請身邊的人介紹。

②多看書，看各種故事與人物的書，看一些經典的書，但也要多看新世代各種領域專家的書，想辦法自己消化解讀、融合其中的重點，並找自己崇拜或嚮往的人及身邊長輩一起聊聊，思考彼此的衝突點、相似點，甚至找出盲點。

很多時候，我會特意找一群我認為想法跟我差不多的人去討論一本書、一個議題，當我最後發現想法還真的差不多時，就趕緊去找更厲害、思考力更強的專家討論，就會發現原來盲點這麼多，而我們這一群的盲點竟然是一樣的！

這個方法眞的非常有趣，而且能學習到很多。看完一本書，不只是翻完而已，也不一定要繼續追蹤作者，而是要去發掘他們怎麼開始、經營、讓自己變成這樣的，甚至怎麼會有這些方法與思考模式。眞的發掘不到，私訊或寫信給他們也都行。

③專精學習一種新的技能、興趣、語言，以及新領域的任何事物，這有助於你從零開始去面對自己對未知事物的領悟性、學習能力，並且增加自己對環境和自我的覺知。這些都能讓你更強烈的認識處於不同過程的自己，進而更有靈感。

PART 2
調高薪資

準則 4
認真思考翻身的意義

你為什麼想翻身？

如果前面幾章談論的「增加收入」，都不在你的選擇清單中，或許你想要的就是「直接選擇高薪」，那首先就必須想清楚，選擇靠攏這些錢的目的是什麼？有沒有接近你要的目標？接著再透過有意識的計畫與極度自律的執行，去落實當初選擇高薪的意圖。如果沒有這樣做，那就應該脫離不了「窮忙」的狀態了。

必須補充一下，這裡的選擇高薪，並不一定是驚人的數字，而是在多種工作機會選項中，你放棄自己比較喜歡或比較擅長的，而選擇薪資或福利較好的，或是直接選擇較高薪資收入的國家及高佣金收入的職業。

去年，我排開身邊所有要事與工作，擺脫萬難只爲了飛去澳洲墨爾本，參加我這一生認識最久（高一到現在）的閨蜜婚禮。她跟我一樣，今年要三十歲了，當年淡江畢業後，進了臺灣《商業周刊》工作，薪水頗高。當時我領著二十二K，一心希望能跟她一樣光鮮亮麗，有頭銜，又有自己的舞臺，每次跟我聊天都是關於工作、未來、薪水、人脈，那時候我覺得她好厲害，我告訴自己，再怎麼累都要像她那樣。

後來，她在我去新加坡前一年，告訴我：「身體已經被壓力搞到失調，中藥一直調不好，或許該改變些什麼，所以，這次想去澳洲試試。」

她在澳洲的四、五年間，我看到的最大改變是——她再也不談工作，只聊生活，如何快樂的生活，然後，還開始有「人樣」了。

還在臺灣工作時，她有時看起來真的很疲倦，因爲壓力太大導致失眠、身心失調、精神不濟。這讓我想起，當年我大學畢業在奧美廣告實習時，第一天，臺灣奧美的莊淑芬女士（奧美大中華區首席執行長）對著我們幾個實習生說：「如果不知道人生該怎麼選擇，就以能夠接受、想要的生活去決定職涯吧。」當時的我，聽不懂生活跟職涯爲什麼是兩個相對應的選項。

但這次，我實際飛到澳洲待了很多天，前兩天忙完婚禮後，後面幾天沒安排什麼行程，因而參與了她的生活，親自體驗了澳洲的生活型態，發現原來生命有種選項是「純粹生活」，而這選項並沒什麼不好。她舒適的賺到可以維生與存錢的薪資，錢不會多到可以翻身，但不會少到不能過上自己期望的生活。實際拿到的薪水大概跟在臺灣時一樣，但是扣掉澳洲的高額稅金、房子租金，比起當年的薪水就少了那麼一成。只是，在澳洲只需要工作到四、五點，自己想加班還不行，因爲同事早已不見人影，而且根本很少有人能接受「加班」的概念。

除了工作上的差異，因爲那裡的步調、社會風氣、追求自然與舒適過日子的意識很強，所以現在的她跟以前不一樣，不再因爲想買哪一個名牌包而拮据過幾個月，不再有過多物欲。她說：「或許因爲這裡的資本主義不像亞洲與新加坡那樣猖獗，生活很簡單，卻很容易接近幸福，最後在這裡也找到了能一起生活的另一半。生活能這樣，其實很不錯。」

參加婚禮那天，我滑手機時剛好看到以前幾個國中同學的動態，有人因爲保險業務做得很好，正在歐洲參加公司款待的旅遊。記得小時候，他的家境不是很好，連畢業旅行都要導師親自去電遊說家人一番才能參加。還有一個在當廣告媒體業務的臺南女生Kay，大學畢業後爲了這份工作北上，因爲她平常總愛傳訊息給我抱怨公司太操勞，所以我們不時還有聯繫。那天她剛好看到我在臉書上打卡分享澳洲行程，就傳訊息告訴我一大堆墨爾本好吃的美食餐廳與特色咖啡店。我開玩笑的回：「呦！你不是天天喊忙，結果，講到吃喝玩樂，你還是這麼在行啊！」她立刻回一個苦笑的臉，並傳訊息給我：「這不就是平常過得不成人樣，換來的嗎？」

看到這裡，你覺得她快樂嗎？高薪工作支撐著她能繼續去旅遊、環遊世界，但同時，生活卻被這份工作填滿，讓她沒時間交男朋友。這樣，Kay和我那位澳洲友人相比，你選擇哪一種生活與工作型態呢？

這本書的前三章，主要都是從較被動的角度去追求更高的收入，以輾轉的方式增加自己獲得高收入的機會。但在這一章，我必須和大家分享關於「錢」的議題。

錢是最實際但很少人敢直接擺明講的字，每當我在一些分享座談會中直接對大家說，我們今天就只討論「錢」吧，總不免有人會對我失望，覺得庸俗，覺得這樣的內容沒有靈魂、太功利。

但我必須說，每一個人能擁有基本的吃飽喝足，不就是靠錢？有些人不敢去追夢、不敢放掉自己不愛的工作，也是爲了錢。更多人，想要更好的生活品質、學習，缺少的，也是錢……所以，我們必須坦然且誠實的面對這件事。

我很喜歡談「錢」，就是希望讓年輕人及還在念書的學生練習徹底理解，在資本主義社會中，努力追求的事到底是什麼？這樣才能在追求的路上，一直有恆心且專注的努力著，不會一直處於鬼打牆的迷失狀態。

我的朋友與粉絲都曾與我分享他們在澳門、菲律賓賭場工作的經驗，其中有些在該產業工作超過四年，而他們共同的心得是：賭場賺錢很容易，但生活很無聊。的確，他們的工作內容以相對單調、甚至機械式的服務爲主，平常工作時段就算有休假，還是只能待在賭場區，讓生活頗受限制。當然也因爲工作時數長，很難拓展同事或室友以外的交友圈。雖然我一直以來都很鼓勵大家出國工作，也滿贊同嘗試賭場工作，但我堅持的前提是：如果在這類領域工作，一定要存到錢。

窮忙，不只發生在低薪狀態！

有在存錢的人，像是我的一位女性粉絲，二十二歲就在澳門工作，如今滿一年了，平均一個月可以存到臺幣三萬元，如果當月沒有買太多衣服，最高紀錄一個月可以存到臺幣四萬五千元。反觀另一個在菲律賓賭場工作的男生，已經第三年了，今年剛好滿二十六歲，他每個月頂多只能存臺幣三、五千元，有時甚至沒存到任何一毛，還償還不了積欠的卡債，因爲除了負擔學貸，他還會花很多錢享樂、吃頂級餐廳、買名牌。

分享這些例子，就是希望讓大家明白，工作的選擇很容易大面向的影響到當下生活狀態與未來的路，甚至是思考路數。例如在菲律賓賭場工作的二十六歲男生，做那份工作的第一個月就非常想離職，只是因爲薪水誘人，又比較能讓他償還一些貸款，就逼著自己做下去。但是越逼自己顯然越痛苦，他也不曉得能怎麼辦，只能靠每個月的血拚名牌和知名飯店餐廳打卡麻痺自己，讓自己覺得至少這樣痛苦還是有點價值。直到現在他還是很想離開，可是因爲更多的卡債，加上已習慣的奢華生活型態改不了，所以現在更離不開了。

反觀那個二十二歲就在澳門工作的女生，同樣也時不時會跟我說生活難熬，不喜歡當地的工作環境與主管，但她卻能如期在工作滿一年後，用存到的錢來新加坡念書，進而更容易有新加坡的工作機會。

當我們選擇世界上的任何一種職業時，都沒有絕對的好壞對錯，但當我們不顧自身意願與喜好，只爲高額收入而選擇工作時，千萬要記得選擇的目的爲何。

在澳門工作的小女生，想得非常清楚、透澈，於是能靠這些賺到的錢贖回自己要的未來。這件事對在當下這個時機點選擇職涯的年輕人來說更爲重要，因爲臺灣經濟與低薪問題，會讓更多人傾向直接選擇偏高薪的機會。

回過頭來思考，在菲律賓賭場工作的男生，跟我那位也很懂得享受、環遊世界的友人Kay相比，兩位都用生活去交換高收入的工作，一個是必須還學貸，Kay則是必須還車貸。但關鍵差別在於：一個很清楚自己在這份工作中得到的累積，一個則是不斷溺水，無法有意識的思考、建構自己的生活與未來。

Kay雖然嘴上嚷嚷著痛苦、不開心，卻能定期出國，去那些她小時候做的環遊世界夢中的國家。有次我問她，爲什麼那麼痛苦還不離開，她說：「這份工作可以讓我慢慢累積接近夢想的機會，我幹嘛要放棄？畢竟我一直以來就是希望環遊世界，這工作最好可以讓我多做幾年，我也就能玩完這一百多個夢想國度。」很明顯的，這些錢除了能讓她經濟獨立，也成爲她實現夢想的基石。

我們必須想清楚，現在賺的這些錢目的爲何。絕對不可以只想著，我就是要賺錢，先賺了再說，因爲這樣的想法，就是那個至今都還在菲律賓賭場工作的男生腦中正在想的。你說，他每個月這麼痛苦的工作著、忙著，每次面對月底、年底的自己，都發現比過去的自己還窮，這不是典型的窮忙是什麼？要知道，窮忙，不只發生在低薪狀態啊！

而如果要大家在澳洲友人和Kay的生活中選擇，多數人的直覺都會較憧憬那位澳洲友人吧。有趣的是，這些問題Kay也想過了，所以當她在這份高壓、高收入的工作中做滿三年半時，決定留職停薪兩個月，甚至跟老闆說，兩個月後她有可能就找到自己眞正要的人生，不會回來了；但也有可能休息夠了，就會想要回到工作，繼續那樣的生活。她請老闆給她一個月的時間，讓她在留職停薪的第一個月做出決定。

留職停薪的第一週，她眞的很開心，因爲打從心底覺得很放鬆；但從第二週開始，她強烈感受到空虛和恐懼。本來以爲是過渡期，但到了第四週，她覺得生活實在無聊至極，第二個月就主動復職了。這整整一個月有閒，也有機會去約會，她卻根本不想。她終於發現，這份工作所賺的錢，給她的是安全感與自我肯定，讓她可以有更好、更穩定的休假與上班頻率。

其實她跟我一樣，就是典型過不了澳洲那種太愜意、非都市生活的人。所以，她在留職停薪結束後，至今一直堅持做這種類型的工作，讓她可以繼續過這樣的生活，同時繼續環遊世界到退休。換句話說，她想要的目標，是能靠著目前這份高收入的錢，達成目的。

然而，在澳洲結婚的友人，當年在臺灣的高薪工作無法讓她得到她當時期望的目標：遠離塵囂，自在的生活。所以不管那份工作的薪水有多高，終究只會爲她帶來無盡的痛苦。

建議大家要不斷的思考，並提醒自己：在追求目前手邊的賺錢機會與薪資時，目的是什麼？

認清自己追求金錢的目的

馬雲當年窮途潦倒時，在香港的香格里拉酒店大廳不斷見人就拉資金、找大錢，就是爲了投資他的理念和事業。終於在拿到一筆投資後，開始運轉自己的事業。

四年前，我在新加坡的一間新創公司工作，後來這間公司失敗了，因爲其中一位股東在公司得到龐大資金注入後，私自挪用替自己買跑車、買給女朋友很多名牌，結果事業、人脈都沒了，簡直賠了夫人又折兵。

很多人問我，當年爲什麼放棄新創公司高薪的CEO一職，自己出來創業？一些跟我比較接近、認爲我「很愛錢」的人，更是不解我怎麼不選擇跟著錢跑。當年那份工作的薪資確實高，但那只是讓我可以快速還完剛來新加坡時因個人經濟狀態不穩定所累積的負債罷了。一直以來，那些認爲我很愛錢的人並沒有眞正理解，錢對我來講，只是一個最快、最有效得到一定程度自由的管道罷了。

我當年一直努力賺錢，只是爲了之後要做自己想做的事，換來更大程度的自由。所以當我發現，累積的錢已經能兌換到想要的自由時，我就不需要再一直追著錢跑了。或許，如果我繼續追著大錢跑、跟著高薪工作走，存款能夠更多，資產可以累積得更快，但那些不是我想要錢的目的，所以我並不會往那裡走，以免最後像那個在菲律賓賭場工作的男生一樣，反而被這麼多的錢困住，翻不了身。

再舉最後一個例子。有次我被臺東縣政府邀請去臺東旅遊，認識了同樣受邀來訪的新加坡廠商 Angelia。當時我們第一次見面，就覺得她是一個很能幹的女強人，卻又溫暖且容易讓人親近，畢竟這在新加坡女老闆身上是很難得的特質。原來，她不僅是知名建設公司的老闆，還是一位教育子女非常成功的媽媽。

回到新加坡後，我主動約了她共進幾次早餐，因爲我太想知道，怎麼會有一個女人能夠一邊當作家，一邊當那種兒女都把她當好朋友的媽媽，且兒女又是新加坡第一學府、醫學院的資優生，同時還能一邊管理如此規模的建築公司，以及自己成立的專辦臺灣旅遊的旅行社。

記得我還問她：「怎麼會想要開一家專門旅遊臺灣的旅行社啊？」她只回：「因爲我眞心覺得臺灣很好玩，很喜歡臺灣！」「就這樣？」我驚呼道。畢竟，這種做大事業的人只要評估一下就會知道，專做來臺灣的旅行團的小型旅行社，根本無法賺太多錢啊！但在她信誓旦旦的回我「就是這樣啊」之後，我確定了她引以爲傲的追求人生過程，根本就是我憧憬的未來藍圖。

當我問她那段從幫別人工作轉到創業的過程時，她滔滔不絕的說出自己的奮鬥經歷，卻在最後說：「你知道嗎？如果那個時候繼續埋頭苦幹，接下其他案子，花更多時間在工作上，我能夠比現在有錢至少十倍，甚至百倍也說不定。但是，我不要啊，因爲那個程度的財富和錢已經可以讓我達到目的，我幹嘛還要一直追著錢跑？該是追著幸福快樂跑的時候，就要跑了啊。」

那時候的我才眞正懂了，要清楚追求金錢財富的目的，才知道哪裡該停、哪裡該跑。也因爲看著她如此分明的切割白天和晚上的時間、平日和假日的時間給工作和生活，我才發現還有這樣一種追求生命的方式。

她甚至把她出版的書名取作《我的兩畝田》。她說：「人要能有豐富且幸福的人生，其實是要追求一塊能夠好好經營自己生命的田地。對我來說，每天早上去工作、做生意的那塊田地，是一塊飽滿滋養自己和家庭的田地；晚上工作結束後，所有自己的時間，就是要用來耕種讓自己心底夢想與理想飽足的田地。慢慢的，這些田地會有養分而有足夠的力量，那就成功了，因爲那綻放的任何結晶也都是自然而然的。這樣的人生就不用太過賣力，也會很美麗。」

對啊，如果她不把多餘的時間和精力從早上那畝田切割掉，移去晚上那畝田用，可能真的足以登上新加坡的富豪名人榜吧！但是，那樣的她，是不是就根本不可能擁有晚上那塊能讓她自由自在生活的田地了呢？也不會讓她像現在笑得這麼開懷、嘴角上揚到一直不自覺流露出幸福的那種彎度了呢？

準則5

成為會說故事的超級業務

首要思考：究竟該如何「銷售自己」？

上大學以前，我最排斥的職業就是「業務」，最討厭的工作內容就是「銷售」。

一直到後來念大學時，我去展場打工、銷售套裝旅遊行程、在電話行銷公司賣那種每天被掛電話的產品，我才發現，原來我對這些領域這麼不瞭解，卻還是有辦法賣得出去，而且讓客人開心的買單。雖然一開始我完全搞不懂自己能銷售出去的原因，更不理解爲什麼我才第一天當展場銷售員，沒去過自己賣的這些旅遊景點，更沒有太多出國經驗，卻能業績表現突出，打敗其他資深銷售員。

直到畢業後，連續在兩間臺灣的廣告公司工作，有機會學習到行銷，才理解行銷與銷售的關係。事實上，也是從那個時候開始，我強烈的相信，銷售就是懂得行銷的業務手段。所以，一路上摸索與碰撞時，我都不會放棄對行銷與銷售的實驗與學習。至少後來也爲自己理出了一套方法，適合當年的我，也適合符合這些特性的人——無法持續找到動力向前；總是無法抓住機會；無法取得他人信任；賣不出自己的計畫、產品、服務、甚至自己。

如果在這些特性中，有兩項以上與你相符，那就更要繼續看下去了。看完這章，我保證你將能用自己的力量改變人生的走向。

在這裡，我不談「業務」這項職務，不去詳細討論怎麼當一個好業務，畢竟業務分太多種類，還有不同的產業，甚至不同級別的業務，範疇太廣了。我要跟大家分享的是，所有業務的共同核心目標：如何「銷售自己」。

銷售自己太重要了，絕對是每個人一生都需要精進的能力。

懂得銷售自己的人，通常能在人生路途上比別人順利很多，就算握有的籌碼比別人弱、資源比別人少、整體看起來勝算不大，還是能贏得機會，談判成功。尋找創業夥伴或投資者、面試工作或研究所、得到人脈、獲得粉絲，甚至是追求另一半的過程中，你都需要銷售自己。

銷售自己是世界上每一個成功業務必備的條件。我曾經帶領過一個十人的業務團隊，也曾在新加坡業務導向的公司上班，後來創業也面試雇用了幾位業務。其中一些業績表現很好的人，當然不乏那種標準的「超級業務」，口才一流，外表與行為都很得體，帶一些幽默又有非常專業的產業知識，同時也很負責又積極；但也有對產業知識不夠瞭解，講話不夠大聲且生性害羞的人，依然能成為超級業務。更誇張的是，我雇用過一個人，他一點都不瞭解公司到底在賣什麼東西，卻能在第一個月成為全公司業績第一。這些人都有一個共通點——有辦法在與客戶的會談中銷售出自己，不管是先取得對方的好感或信任，總之，就是讓對方買單這個人。

學習自我銷售，輕易擁抱成功人生

哲學思考裡有個很著名的「電車難題」，這概念如果套用在「銷售自己」

上，就能理解「關係」對人的「選擇」影響有多深。

假設一部急駛而來的電車準備撞上五個人，你有能力馬上轉換軌道，讓它轉向另一邊僅有一人的軌道，那你會、還是不會去轉向？

其實這一切都取決於你的功利主義傾向（以利益最大化爲主）有多大。但如果，電車準備撞上的是一個人，而那個人正好是你認識、比較有好感、充滿信任，也是你定義中的「好人」，那你選擇犧牲多數人、去救這個人的機率就大很多。

這跟客戶決定選購你的產品，而讓其他業務（在電車難題中被置於死地者）沒機會，或是把唯一的職缺給你，而不是給其他一起面試的應徵者一樣。當然，電車難題的本意並不是要討論「關係」，但這卻可以很容易讓人代入：人出於本性會追隨什麼樣的意識做出選擇？

既然理解了這個思維，就要想辦法讓「每一個目標對象」接受你的自我銷售，而你的自我銷售，則應該讓他們對你有認同、有信任、有好感。不論是三項中的哪一項，都是「建立關係」的第一步；接下來則是繼續強化關係，到第二步驟的「鞏固關係」與第三步驟的「依賴關係」。世界上那些最頂尖的自我銷售員，厲害之處就在於能讓客戶完全依賴他們，離不開他們。

從法拉利看出「關係」

法拉利是世界名車品牌，試著想像兩個一樣頂尖又受過高度精訓的業務，在面對同一位客戶時，該怎麼致勝？他們銷售的產品，在客戶眼中已經是最完美的了，根本不需要多提車子的價值與性能，客戶會怎麼選擇呢？

假設你正要去一間門市選購商品，看到店裡有自己的朋友或相識的人在推銷，你絕對會想走向他們捧場，而不是走向不認識的店員購買。如果整間店裡都是你不認識的銷售員，你的選擇也多半是較有好感、較認同的店員吧。「面試」和「結交朋友」等狀況也是一樣的道理，更不用提上流社會那些能買法拉利的客戶了，這種層級的人，更在意關係。

在第一步建立關係的任務中，讓對方有好感可以包括基本的穿著和外顯行爲表現，也可以包括談話技巧、行爲舉止的演練。而能讓對方認同，是比淺層的好感更深度的對你擁有正面感受，這個靠的是「操作」你的穿著與行爲表現，以及「操作」一句話、一個字的呈現方法。

以網路世界來講，多數網友不一定知道一個部落客或網紅的眞實樣貌，但一旦對他們產生好感、開始關注，就會自然而然連結起他們與自身；而如果在對他們有好感時，同時發現他們的語言與思考讓自己有很深的共鳴，那樣的關係就不僅止於好感，而到達認同的程度。

不妨回想看看：你跟隨某位銷售員、接受某個異性的告白、投票給某位班代……靠的都只是初步的好感與認同，絕對不可能在第一時間就徹底信任對方。

不論是在什麼程度的第一步，就算只有獲得對方的好感，也能在強化關係時，運用知識、態度或其他你在這段關係中扮演的角色，給出應該給予的事物，而因此將好感及認同變成信任。例如願意給你機會、接受你表白的人，一定是對你有好感，那你就應該持續回報好感，絕對不能在過了兩天後就不再釋放好感；若能持續，就會讓對方產生安心感、穩定感，這即是一種「信任」。面對願意幫助你的貴人，對方投資了一筆錢在你的生意上，你就應該以努力回報，持續用心工作，不論遇到怎樣的難題都不輕易放棄，讓對方繼續強化「認同你」的感受，得到對方的信任。

又或者，像是最簡單的「獲得工作機會」，不論面試官當時錄用你的原因爲何，要鞏固這段關係，就是持續投入工作，讓他們繼續深度的喜歡你、認同你，就能讓與此工作機會有關係的人（主管、老闆、同事）信任你。

想要讓這些關係達到頂點，靠的就是在「長期的信任」下做出的表現，例如持續盡力發揮自己的職責、保持善良的去做正確和該做的事，才有機會讓他們（與工作機會有關係的人或公司本身）依賴你，認爲必須以加薪、更好的待遇繼續依賴你（在這個機會中留住你）。或者像是投資人能在賠錢的情況下繼續資助你、跟你當朋友，看中的就是你有沒有濫用他給予的金錢（信任），以及在長期考驗下，你相對給出的回報（努力與時間）。

當「銷售自我」成功取得信任時，基本上，想賣什麼都能賣出去。一群菁英分子在面試官前表現得再努力，只要面試官認同的是另一個沒有學歷背景卻靠自己努力走到某個程度的人，那些菁英也不可能有希望了。

曾有位粉絲私訊問我一個非常好的問題。

他在中國上海工作了兩年多，後來在剛滿第三年時，因爲不太適應，就請辭回臺灣了。他在上海見識到過度可怕的鬥爭，那些傳說中的狼性，都不及他親眼目睹與體驗到的驚人。太多年輕人，那些從外縣市北上一線城市賣命一搏的人，爲了生存與成功，都採取過度激烈的手段，或是踩著別人往上爬，

銷售自我的步驟

步驟及目標	內容	方法
第一步：建立關係	讓對方有好感及認同	表現
第二步：鞏固關係	讓對方信任	定位
第三步：依賴關係	讓對方期許（投資）	性格

做些偷雞摸狗、見不得光的事，以成就自己當下目的。很多人因爲希望自己也能有所成就，便在這樣的環境中默許這些事發生，大家都不特別認爲有這等狼性是件壞事。在這樣的社會風氣下，他感到迷失，甚至也曾嘗試依照這些手段去追求成功，但最後並不是很開心，於是默默回到臺灣……至今，他都不太確定當時的決定是對是錯，還是，那只是自己軟弱或能力不足的藉口。

我的回答並不是從道德或正義切入，而是以「建立關係」的角度去思考。我告訴他：我認爲這樣激烈的狼性，根本上是不對的。

這個問題，可以先回到「追求成功人生」的本質。

成功的人生，本質上就是要極盡所能的往上（階級、金錢與成就，或自定義的理想目標，以及最重要的快樂和幸福感）爬，只要最後的頂點高過於彼時的起跑點，或許都能稱爲成功。但是世間萬物，都離不開物極必反的平衡定律，所以懂投資、懂財務金融的人都知道，就算奇蹟似的手握持續高幅度成長的標的，也必須時時刻刻準備避險的方式。不管以常識或宇宙萬物定理及過去經驗來看，我們都必須假設自己的人生不可能永遠都是往上攀爬的線性狀態。更何況，這時代的我們普遍會活得比過去所有人類還久，如果時間軸又被拉長，在追求成功人生時，每個細小選擇所帶來的影響程度，都會相對變得非常大吧。

簡單來說，就是該在努力往上爬的同時，懂得預防跌落。而很多時候，唯一讓自己不要在下滑或跌倒時墜落谷底的方法，只有「靠別人幫忙」。

這種時候，唯有過去曾建立正面關係的人，會對沒站在高峰上的你伸出援手；而那些在追求成功時自斷後路的人，如果往下跌，根本得不到機會再往上攀。這樣想想，狼性這種斷殺別人的手段，完全違背了「追求成功人生」的本質，所以，不會是對的啊！我實在不建議手段激烈的狼性，畢竟，光是在投資裡，避險比追求利益重要太多，更何況是「人生」這種不太能容許自己掉落谷底的狀況呢！

說到這裡，剛好可以補充一點關於競爭力的議題。

理解競爭力，你才有資格競爭！

這位粉絲的困惑，並不是毫無來由。當多數人能以激烈手段取得成功時，沒有如此狼性的人，即使態度同樣積極，也會以爲「只要方法不夠猛，就無法得到期望的結果」，於是開始質疑自己的柔性積極，思考另一端的可行性——這就是「競爭」的迷思。

我常在想，當年如果我從念書就開始理解競爭力是什麼的話，就不會走那麼多浪費時間的歧路了。而且，是否很多人直至出社會開始工作了，還是根本不懂競爭力是什麼，才導致不管怎麼努力都在原地打轉？

展現狼性的這些人，把競爭看成一種你爭我奪、你死我活的輸贏競賽。如前段所言，這樣不僅無法達到想要的成功，也會陷於過去那種父母逼著去補習班的思維，掉入只能用無限競爭成績的輪迴，去得到輸掉成績的人無法擁有的機會。但這個機會，實在是過於短暫，跟激烈狼性鬥爭得到的短期勝利一樣，只存在於瞬息。等到我們長大後，就發現畢業後並沒有人純粹因爲當年的高成績，讓薪水或資產成正比攀爬，或是因爲當年的輸贏，讓現在的社會階級繼續往上。

事實上，從這些例子中不難理解，擁有競爭力並非只往贏的一方（單向）衝。在職場上的年輕人並不會因爲會計能力最好、打敗多數人而很有競爭力，或只是因爲簡報能力很差、輸給多數人而完全沒有競爭力。就像在市場上，一個有競爭力的產品往往不是最低價的產品，或許它有低價的特性，卻不是市場最低價。市場最低價的那個產品，可能因為品質，或是客戶對它的不信任，反而根本不具競爭力。競爭力不是一個你與競爭者的零和遊戲（追求單贏），而是一個你與競爭者長期的競合賽局（追求雙贏）。

長遠來看，運用狼性手段無法讓你取得競爭力。一旦你失足跌落谷底，沒有建立過關係的人可以救你，那繼續競爭的可能（甚至連競爭資格）也不會再有。反觀，能持續成長，藉由競合的良性競爭合作交換，把自己穩穩往上端的人，才是具備競爭力的。

跳過好感，直接取得認同

以我自己建立關係的經驗，若能在第一步取得好感就很不錯了。但我來到新加坡後，要面對的人不只是一般客戶，還有那些好不容易才有機會見上一面的投資人，或是在意外場合中朋友介紹的人物，所以我很清楚，在這種不知道會不會再見的情況下，必須讓對方不只擁有好感，還要能認同我的思考、行爲和計畫，才有可能進一步合作或有再見面的機會。唯一能夠達成這項目的，並且有八成成功機率的方法，就是「說故事」。

過去幾年，市面上有非常多暢銷書在談論說故事的方法及影響力，還有一些舉世聞名的TED講者，以「說故事」的方式獲得破紀錄的掌聲，說故事的重要性不言而喻。就算如此，我還是很少看到有人會在日常生活中演練運用，實在非常可惜。

或許有人還不是很理解「說故事」能達到的效果，那麼請試著想想：如果你走進電影院，看到偌大的螢幕上，強尼．戴普打扮成你最喜愛的模樣，以你認爲最眞誠的方式，跟你講一句「善良很重要」，你會有什麼感覺？——沒有！因爲這些字眼與陳述沒有情緒，所以你無法感動，無法被灌輸「善良很重要」的精神。

但是，當你進入電影院，跟強尼．戴普一起進入他的巧克力冒險工廠，看著其他一起進來參觀的小朋友，最後發現，唯一沒有被踢出工廠的，是個看起來極爲平凡、窮困的小男孩，只因爲他在爭取機會時不偷不搶、不陷害人，所以，小男孩擁有那份魔法力量，不只能讓他夢想成眞，也能讓強尼．戴普放下冷面之心與過去的悲傷回憶，變成擁有幸福的人。而那份力量，就是來自小男孩的「堅持善良」。

看完後，不管你喜不喜歡這樣的故事、認不認同這部電影，你至少都會認同——人需要善良。而那份認同的程度，會比前面那樣直接告訴你想傳達的話，更具影響力。當然，前提是故事要傳達的是普世價値認爲正面的態度。

這是一個很有趣的現象，因爲當我們直接被告知一個道理時，會覺得對方在說教；而當我們被帶入一個情境，就會感受到對方是在說故事。我想，在讀這本書的你應該和我一樣，也和這世界上多數人一樣，不喜歡聽道理，但喜歡聽故事。所以，日常生活中，我們在爭取自己想要的機會時，應該要以「說故事」的方式去包裝想要傳達的內容，進而讓對方認同欲傳達的理念，也認同你。

以最常見的情境來舉例：在面試過程中，不斷對著面試官說「我的學習能力很好」「我很努力」「雖然我不聰明，但是願意嘗試」「我願意勇敢面對挑戰」……是完全錯誤的方式。就我個人而言，從來不會這樣對面試官說，更不會在面對潛在投資人與合作對象時，一直嚷嚷著「我就是很不害怕失敗的人」「我是一個熱愛工作的工作狂」。

爲什麼這樣的方式很荒謬？

第一，在建立關係的第一步，明明應該先取得對方的好感，你卻急著讓別人直接相信你，相信你說的話。這就像是一個你不太熟悉的男生，只見了你第二次、第三次，就一直要你相信他說的「我會永遠愛你」「我眞的會盡力對你好」。若你眞的答應跟他交往，充其量也只是因爲對他的好感，認同他表現的態度與內容而給他機會去證明，並不代表你就信任他了。

第二，你就像是個說教的人，告訴對方一些無趣的內容。如果你是面試官，一整天聽到每個面試者都講一樣的話，你該怎麼評斷做決定？大概只能靠條件篩選了。於是，身爲面試官的你就只能把講一樣內容的人拿出來比較，選擇學歷比較高、工作經歷比較多的人，因爲這樣可能比較不會出錯。

想想看，這會有多麼可怕！是你把自己推向了最沒機會的深淵。明明學經歷已不比別人厲害了，還把自己丟入只能靠學經歷競爭的環節中。而我，就是一個學經歷背景很差的人，所以我從以前到現在，都會非常注意，很小心的不讓自己落入這樣的情況。畢竟，就算有天我能考上臺灣第一學府，還是有世界第一學府的人贏過我；就算我曾經在全亞洲前三大公司工作過，還是有人能以進入世界前三大公司的姿態壓過我。這種「我穩輸」的競爭系統，就是我絕對應該避免的啊！

所以，建議那些曾使用直接描述法，把自己的優勢或想傳達的內容講出來的人，務必好好思考，該用自己的哪段故事、生命中的哪個插曲、哪一個奮鬥過程，去包裝你想呈現的自己，好讓對方從故事中感受到你的衝勁與積極。

我在新加坡得到第一個夢寐以求的工作機會時，老闆曾經問我「有沒有任何可以證明自己的作品？」我實在拿不出來，但我告訴他，在遇到他之前，我是如何在這個國家掙扎並寫下那些經歷，吸引很多粉絲與讀者，進而建立網路意見領袖的地位。後來，他跟我說，光是那段話就讓他覺得，我是他近年來看過最有行動力的人。而我憑藉的，不是在他面前一直反覆的說「我是很有執行能力的人」。

二〇一六年，我的面膜品牌首次在新加坡舉辦新品發表會。因爲希望能辦得很好，所以我自掏腰包邀請很多臺灣朋友飛來幫忙，卻忘記在新加坡執行這樣的現場活動隱形成本有多少。最後，當天活動正式開始前兩小時，現場陸續有廠商來請款，我才發現整體的支出高達幾十萬，已超出我能力所及。原本最壞的打算是使用私人存款應急，但打回臺灣請朋友幫忙查看帳戶，才發現我根本拿不出那筆數字。當下，我緊張到全身虛脫，眞的不知該怎麼辦，還一直鬼打牆的逼助理重新估算，以過去兩年的經營經驗來預估現場三百人的客單加總。不過，即使以最大值去估，連一半的金額都不可能達到。

我從幕後看著三百多人陸續到場，臺灣新聞臺專程來訪的記者也等著拍攝。我請助理把一會兒上臺要用的稿子全部拿來，盯著手上那三張寫滿的A4紙，所有內容都是在說我們的品牌有多好、面膜有多好用……就這樣盯著幾分鐘後，我直接撕掉！轉身對著從臺灣來擔任主持人的閨蜜說：「計畫改變。五分鐘後你上臺，直接問觀衆這句話……」

半年後，有次我在新加坡跟朋友吃宵夜，他帶了一位女性朋友。她很高興的跟我相認，說自己雖然不是我的粉絲，沒有特別關注我，但一直都知道我，而她第一次見到我本人，就是在那場面膜新品發表會。我很開心她有去，跟她道謝，並詢問她對活動的意見。她支支吾吾的說：「艾兒莎，我跟你講實話，你不要生氣。我滿失望的，因為我到現場是想聽你說面膜的產品力，還有它有多好用、有沒有認證之類的，可是，你一直都在說自己和閨蜜的感情，我覺得挺失望的。」

我回她：「你知道嗎？當我請主持人更改接下來要引導的話時，就是請她不要帶到任何一點面膜的產品力，因為我知道，現場來的三百多個人，至少三分之二都是我的粉絲。若期望她們用行動支持我，就必須讓她們記得、讓她們認同我。所以，我必須在這短短的活動時間裡感動她們，讓她們確切知道，我為了這場活動、這個品牌，從多年前就如何努力到現在。我選擇講自己的故事，把自己從放棄二十二K、蹦跳新加坡後，到當天所有的故事分享出來，而不只是講面膜的故事。我相信沒有人會因為我講一個面膜有多好用而感動，但是會有很多人因為從我的故事得到共鳴、我的夢想與目標跟她們有重疊，而願意認同、支持我。」

然後我拿著手機上的官網資料問她：「假如當天我把所有資料都講出來，裡面會有你期望看到的認證、成分和面膜厲害的功效，你眞的會買嗎？」

她默默的說：「嗯……可能會覺得很厲害，但還是不會買。」

我說：「這就對了！」你要把百分之百的心力放在百分之二十眞的很愛你的人身上？還是那些百分之八十對你完全不理不睬的人呢？

那天，現場兩小時的活動，營業額衝破我們事前預估，並將所有支出都打平，當下就把所有欠款全部還完，甚至還有多賺的部分，能拿來請幫忙我的閨蜜、特地飛來新加坡的家人吃飯。

這場在新加坡市中心（烏節路）舉辦的三百人大型活動，我的成本是：零。（註：可至YouTube「蹦跳艾兒莎」頻道，觀看「娘孃面膜，全臺灣最美的藝術家面膜」影片。）

找尋能持續銷售自己的動力

其實，學會這些說故事和建立關係的技巧並沒有這麼難，但是，怎麼讓這項技能確切發揮最大的效果，就要看你有沒有「實際運用」。

我思考了整整三年，終於在二〇一七年底做出決定——接下來幾年要定在新加坡發展。花了七箱包裹的郵資，把臺灣的家當幾乎搬過來。家人及一些粉絲都很不解，明明我常說新加坡讓我感到很疲倦，也常嚷嚷著想家，到底是什麼原因讓我做出這樣的決定？

爲了回答大家的疑惑，我在粉絲團發布了這則貼文：

自從上次跟大家分享，我的家人帶了一八〇公斤行李，把我畢生家當都扛來新加坡後，有人問我：為什麼「這麼討厭」臺灣？

說真的，就某些層面而言，我還真的不太喜歡自己處在臺灣這件事。

過去四年多待在新加坡，一開始到這個國家時厭惡的生活節奏、談話頻率，現在都習慣了。雖然習慣不代表喜歡，但就是一種麻木或非常可以

接受的狀態了吧。昨天，剛好因為公司工廠的事，還有大學同學婚禮，特地衝回臺灣，我弟和我媽從桃園機場載我直奔臺中參加婚禮。

高速公路上，兩旁綿延的工業區建築，以及環繞的霧茫茫山脈呼嘯而過，我突然發現，啊！是秋天了。對四季都熱到猖狂的新加坡來說，這是一個奢侈無比的季節啊！這一刻，我被過去習以為常的秋天震撼了。

一到臺中的臺灣大道，我請弟弟把車靠邊停，去7-11買了杯咖啡，順便拿了兩件上週在博客來和momo購物臺訂購的書和保養品。結帳時，因為我本人臉長得比較臭，只是沒有表情的等了一下，年輕的店員就不斷道歉說「不好意思，久等了」。我愣了一下說：「沒事，沒事。」心裡想起每一個我在新加坡7-11快被店員的爛服務和屎臉氣炸的瞬間，感受到，我站在臺灣人旁邊。

在飯店Check-in之後，我們在臺中歌劇院逛了一下。和臺北或新加坡相比，我站在異常寬廣的天空下與街道上，感受到壓迫感被釋放了。走著走著，閉上眼睛，感受直射下來的陽光，雖然不比新加坡耀眼，卻在令人成癮的秋風中，變成像是一種太過溫暖的懷抱。天啊，我像被一個擁有十足愛的朋友擁在懷中。

晚上看著大學同學穿著閃耀的婚紗，臉上的喜悅因為太過幸福而徹底綻放，我真心替她開心感動而過分想哭。又突然想起，在新加坡參加了那麼多名人、老闆、新加坡朋友的婚禮，卻從未有過這種感動。我想，那是因為曾經共同度過一段時光，不管有沒有在彼此生命中占有什麼，有過一起計量生命的起始點，還有一份封存在同一個時空的成長點滴，那是回憶。

這幾年在反覆離家和返家的路上，我漸漸看清楚，以前的我不敢回家，是以為回家是一種撤退、一種認輸；後來，快要三十歲的我發現，每次回家感受到的深度舒適讓我很快樂，還有每個我在此擁有的回憶、溫暖，都很美好。就因為實在太過美好了，這美好會變成可怕的「安逸」。我是一個本質上喜歡耍小聰明又懶惰的人，所以安逸讓我深陷危機。那個危機，讓我變成一種失勢的狀態，就像是以前那個覺得二十二K無所謂，想要一直賴在家裡、吃家裡，甚至花男友錢的小女生。那個一直只敢躲在自己的小圈圈、不願意去認識世界的我又出現了。

在新加坡，我能夠為了生存，為了過舒適的生活、擁有選擇自由和時間自由，不斷打破自己懶散的個性，以及重組我的社交圈，進而擁有更多視野與機會。

說真的，我害怕的不是臺灣，而是一份過度舒適給我的安逸。

或許，安逸不會讓每一個人都沉淪，卻會讓我沉溺淪陷。所以，我非常害怕，害怕回到臺灣。我想，有一天，當我不再需要跟舒適抗衡的時候，當我已經追求到夢想的時候，就是跟安逸和好的時候了吧。那就是我能勇敢回臺灣的時候了吧。

其實答案很簡單，就是——繼續讓自己逃離安逸與舒適圈。

因爲當我練就了這一身本領，卻又乖乖回到臺灣，躲入一個沒辦法讓我繼續演練這本領的環境，那我就不可能繼續熟練、繼續成長，繼續找出更好的方法或做出調整，讓自己的未來受益，當然也無法再於下本著作中看到我的進步，也幫助不到他人了。

所以，想和我一樣持續演練並精進自我銷售的能力，就必須找出那個能持續激勵自己的動力。

最後，如果你有認眞看完這段故事，也深受感動的話，請務必記得，我不先給你答案，而是敘述一段冗長情境的原因——這就是故事的重要性，以及它可以帶來的渲染力！

準則⑥
跟上跳躍發展的思考

認清狀態、抓緊時機、打破局限，才能快速躍升

在這個年代，誰能看得比別人遠、更能「預測」接下來會發生的事，就比任何人更容易踩對起跑點。

建立自己「看到未來的能力」，不只讓人看到自己的可能，也能對未來會發生的事大概有一點方向。這樣一來，目前所做的選擇、規畫，相對來說就較能跟上浪潮的波段與未來的趨勢。所以，在這快速變動的時代，預測未來已經不是玄學，而是一門顯學了。

本書的前半部，已很明確的說明了看清楚問題本質的重要性。它不僅能讓我們減少做出錯誤選擇的機會，也能讓自身的價值、所習得的技能，擁有準確的市場與效益，而這些也是一種練習「看到未來」的基本功。說眞的，很多人連「現在」都看不清楚了，要訓練跟上未來，確實有點難，但絕對不能因爲「難」而不去做，因爲每個人都會被時代洪流影響，沒人避得了。

當然，這不是一本探討ＡＩ或區塊鏈議題的書，我們也不可能一夜之間練就馬雲或賈伯斯的前瞻力。但是，就每個人自身的舞臺與短短幾年的職涯選擇來看，很多時候，認清狀態、抓緊時機、打破局限，才是讓自己快速躍升的好方式。

在思考當下決定時，要努力精進對未來的想像，因爲我們必須清楚這樣一連串的努力與付出的時間成本，最後能不能有所回報，而我所說的這份回報，不只是期望超乎普通的漸進成長，也必須是你眞心希望自己站上那種舞臺的樣子。簡單來說，怎麼樣的生活與人生縮影，會是你期待並享受的？——那才是對的方向。

舉個例子，我認識的一位朋友Edison，今年三十九歲了，十四年前來新加坡時，還被身邊的人訕笑，因爲那時候的新加坡，連知名帆船酒店——金沙酒店及聖淘沙等度假旅遊勝地都沒有。更可怕的是，跟臺灣這種擁有四季且氣候宜人的天氣比起來，如此熱的東南亞國家，還有很多地方的基礎建設不完善，很多地方沒有冷氣，根本是個讓人想立刻離開的地方。

當時的新加坡，因爲有很多人不願意來，政府爲了廣納世界各地人才，讓願意來此生活的人容易取得永久居民證，並以非常開放的政策和低稅收，讓各國企業來此設立總部。

當年的Edison雖然是很不順遂的落腳新加坡，只領著臺幣兩萬元的低薪，疑似被壓榨的在旅行社裡替中國老闆做事，但他深信，這個國家一定會有起跑往上衝的機會。所以在衆人質疑的當時，他不遲疑，只選擇努力蹲低，站穩自己在此扎下的根。

後來，他存夠錢，不像多數企管人出國念ＭＢＡ，反而去了新加坡政府認證的賭場學校，之後直接進入新加坡知名賭場集團工作，薪水比新加坡的大學畢業生還高。接著，他選擇不升遷到肩負重任的大主管一職，而是責任較小、時間較彈性、薪資也足夠跟銀行貸款的職位。因收入穩定增加且假期不少，常常可以每三個月回臺灣，或是去其他國家旅遊，並有更多彈性時間安排參與社群增廣人脈。至今，他全靠自己的力量，從身無分文到現在於新加坡擁有價值千萬（臺幣）的房地產，在菲律賓也有三間自己投資的房地產（價值臺幣兩千多萬）一邊收租。他當年的選擇，讓自己在短短幾年內同時擁有「主動收入」與「被動收入」，資產以翻倍的狀況在成長。

每次我問他，當時那種孤單感，還有那年代機票這麼貴、跨國通訊費用也不是很便宜，他怎麼有辦法這麼堅定的相信自己所想像的未來。他說：「想要翻身，靠自己的力量根本不夠。順勢的跟著潮流躍升，才是我唯一翻轉逆境的機會！而新加坡這種國家政策與地理位置，整體而言，不管是經濟水平、環境發展、國家富足程度一定會大力往上衝的，我趕快在大家還沒衝來前占位，當然錯不了啊！」

把自己當「平臺」經營！

除了看準這個國家的未來動向與抓住時機點外，有件事我也認爲他做得非常對：把自己當「平臺」經營！

平臺，顧名思義就是一個讓大家聚在一起，且短期不是以商業利益爲考量的人脈經營。當他在努力工作時，並不只死守著一份工作，下班就玩樂，而是在有閒、有點錢時，多花錢去參加各種聚會，結識各方人脈，也非常樂意將自己的人脈分享給他人對接，進而讓自己繼續「增値」。

他認爲，想翻身，單靠自己的智慧根本不夠，必須多跟前輩（長輩）交流，才能腦力激盪出現下社會生存發展的靈感與方向。

所以，找到一個好的平臺很重要。而經營平臺的思維，也是一種看見未來所構思的投資。試想那些網路公司巨頭，當年都是以平臺理念或方式開始坐大的，對吧？隨後，Edison也因爲喜歡幫人介紹有用人脈和資訊，於是在新加坡創辦了Book & Tea，以半興趣、半商業的型態，經營一間小型顧問公司，目標是成爲東南亞有互聯網概念的臺灣會館，不僅讓自己多一份收入，也讓其他對東南亞有興趣的人前去瞭解。這不但幫助到別人，也幫助了自己。

正在寫這篇文章時，我剛好有兩個非常要好的朋友想來新加坡工作，其中一位一直在臺灣的傳統產業工作，雖然成績亮眼，也比別人努力，但每年年終獎金卻越來越少，公司也不打算加薪。因此，她決定在三十歲時，試試國外的工作機會。整整三個月，她都在與我討論來新加坡或東南亞國家的可能性與機會點。

這兩位好友都在臺灣擁有傳產領域不短的工作資歷，語言能力也不錯，但因爲職務內容都偏向業務，並不是特別專精的技能導向，若就這樣直接尋找新加坡的工作，實在無法太理想。屏除她們的個人問題，新加坡這兩年外國人才過剩，導致當地人也開始反彈，政府從過去大量開放接受各種人才，到現在已經開始用各種法條與政令鼓勵企業雇用本地人。因此，對我們這些從外國來的年輕人而言，不但不利，甚至未來還很容易遇到工作准證等身分問題，簡直是困難重重。

記得在三、五年前，我雖還是持續的鼓勵大家可以來新加坡，但那時候相對而言，已經不是那麼漂亮的起跑點了。如今，很多人看到前面打拚的前輩已有一番成就後，才想要過來，反而已不太可能跟上整體成長的浪潮；就算自己默默一個人突破了很多關卡，但想要有跳躍式的成長，絕非易事。

不過，新加坡的機會變少，不代表就沒希望了，很多東南亞國家也正在發展、正在高速的成長。從去年開始，我反而比較建議身邊的朋友去越南、緬甸、印尼等國家的大城市看看，試試蹲低點，等待該國經濟起飛的機會。

因此我會說，新加坡不是沒機會，也不是一定不能來，只是要得到翻身的機會跟過去相比相對困難。這就如同我們去英國、美國，如果沒有身分或專精的技能，真的很難在當地以純自身的努力得到跳躍式的高報酬結果。

轉職轉的不只是工作，而是視野與身分

前陣子去緬甸考察，認識了很多已經在仰光打拚幾年的臺商，以及緬甸當地的創業家。當中，不乏從臺灣第一學府畢業的優秀律師，也有家世背景雄厚的年輕人，聽他們說，連在大城市的市區中生活，有時連基本的水電供應都會不穩定。可是，當我走在仰光市區看到貢茶、五十嵐等知名飲料店時，發現售價都比臺灣貴，去當地很高檔的餐廳用餐，也都人潮滿滿，當下，我的確親眼見識到這些開發中國家的強大潛力。而這不只是發生在緬甸，這兩年我還去了菲律賓、柬埔寨、越南、馬來西亞、印尼、泰國，都發現非常相似的狀態，因為這些國家的人口太多了，市場潛能極大，而且跟臺灣和日本不一樣，人口占有率最大的是年輕人，不是老年人。

因此，經過這幾趟的親自考察，以及會見了無數個努力又願意分享當地經歷的臺商之後，我強烈建議，願意賭上一個翻身機會的年輕人，不要只想著

已開發的國家，或是只想乘著那些繁榮城市的光環，其實也可以到這些城市走走，放寬眼界與心境參考一下，思考自己能不能前往這些地方做點什麼。

如果硬要比較哪一種職涯的選擇策略比較能產生高報酬，可以先用能基本列出的成本去算。例如遠赴歐美取得一個學位，甚至留在當地尋求工作機會，若從這些成本開銷的總和、未來薪資與個人存款（或資產）的成長去估算，回本的時間會拉得很長。而且因爲成本高，風險也更高，對那些以貸款去歐美取得學位的人來說，這樣的風險更必須是考量因素。但若是到一些開發中的國家去嘗試，以這個方式算起來，未來得到的報酬比例會高出非常多。

有一些朋友聽了這些故事後，還是選擇來新加坡。如果，你沒有非要放手一搏、非要翻身不可，僅想要簡單且收入較高一點，能以更穩定安全的遞增薪資方式去增加存款與財富；甚至，你的性格是比較不喜歡接受挑戰與嚴峻考驗的，當然也還是可以來新加坡試試。畢竟，就我自己和身邊朋友的經歷，在新加坡工作鐵定比在臺灣更容易存到錢。

很多年輕人或許會在我這個年紀（三十歲左右）產生轉職、轉戰場的想法，而且我身邊這群年紀差不多（二十八至三十二歲）的朋友，大都會在這個臨界點想要些改變與不同體驗。所以，對於這些人，我認爲不管他們最終選擇哪個國家，或甚至選擇不出國，都還是必須清楚知道這些未來趨勢與發展的可能，因爲很多在這個老大不小的年紀做出的改變，必定會影響接下來的人生。

所以，在思考那些選擇時，必須謹記：這些轉職與轉戰國家的轉變，轉的不只是工作，而是視野與身分，也是對自己的思維重組。這些思維重組，除了瞭解自己以外，還必須與過去的自己、現在的自己、未來的自己連結起來，思考其所能創造出的可能性。

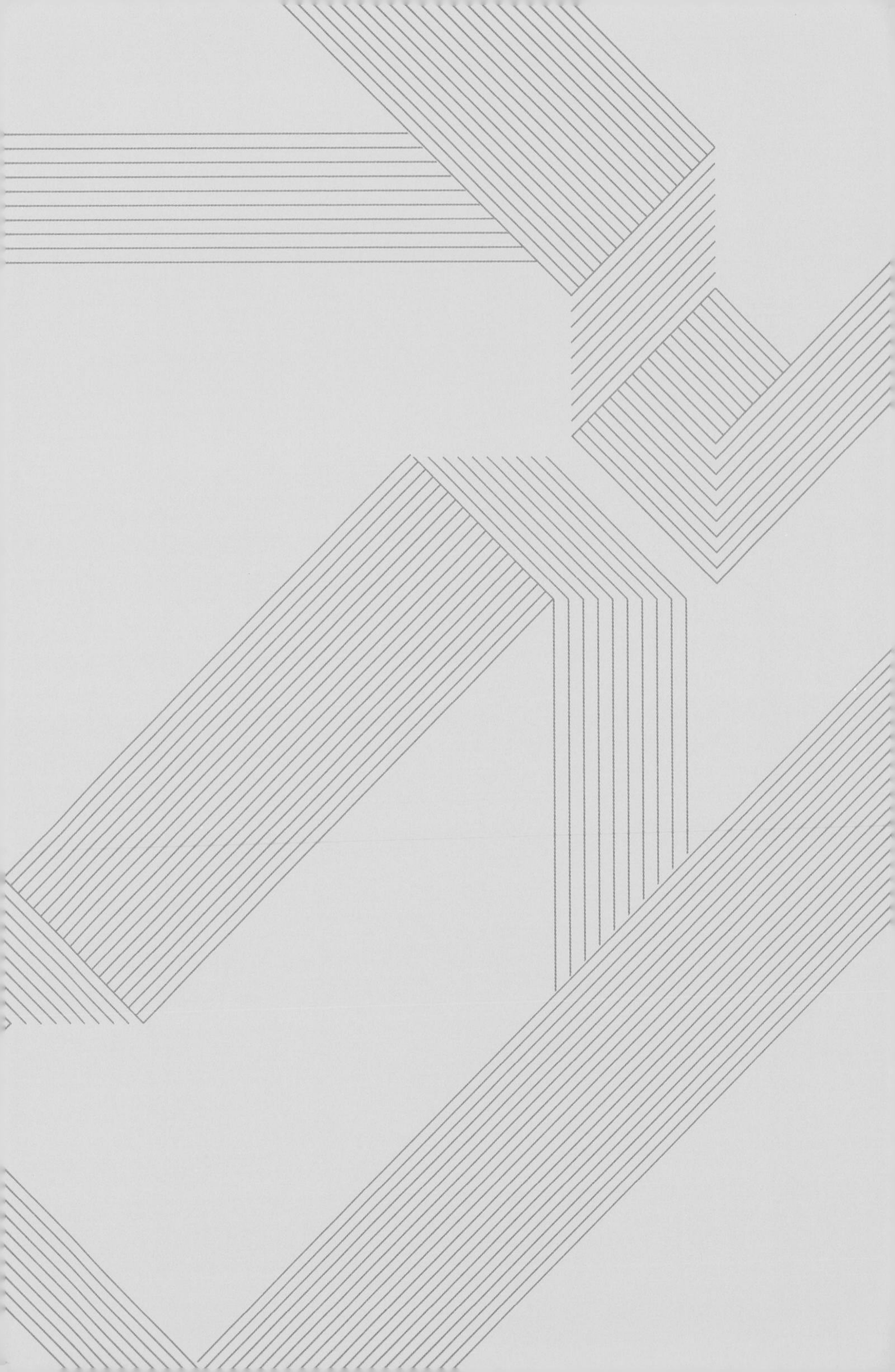

PART 3

變身資產

準則 7
練就一身魅惑之術

強化自我魅力，讓人更想幫你

前一章講到「平臺」，首先可以想想，爲什麼平臺的概念對我們來說如此重要？因爲，很多時候，我們都是透過平臺發展生活和人生的。像學校與教育體系，就是一個對接知識與聚集同儕的平臺；而特定主題或以興趣爲主導的社群、勞資市場、虛擬網路等，也都是具有平臺概念的聚集形式。該如何像Edison一樣具有組織並壯大平臺的能力，很多時候，就要靠個人造化了。

這個造化是努力嗎？不全是。

靠運氣或資金嗎？也不全是。

回想以前念書時，班上那些能帶領風向的風雲人物，或是一些總可以找到其他班上同學一起做些什麼事的班花班草，永遠都有種很吸引人的特質，會令人想跟隨他們，聽從他們的建議或指令。雖然在那些時候，我們多數人都不懂那是什麼，但這些人的特質與性格，都有個強烈的共同點：領袖特質。擁有這樣特質的人，往往能在無形中左右他人的思維與行爲，並且被認定是個有魅力的人。

我在大學畢業後，持續摸索並試圖瞭解自己，甚至到處學習、省思，期望自己能變成一個很有魅力的人。因此我也相信，多數的人心底是非常渴望自己擁有魅力的，因爲擁有魅力絕對能更快、更輕易、更方便的達到目的。聽起來很玄，好像也很不正派，對嗎？

三年前，我曾到臺灣南部一所高中演講，講到自信與成就時，我剛好也討論到「如何變成有魅力的人」。演講結束後，有一個不是我的粉絲、當天才認識我的高三女同學傳訊息來，跟我說這樣的分享是一種負面教材，令她感到不舒適。這樣大肆在臺上宣導並教大家如何魅惑他人、如何成爲「妖豔」的女人，還建議大家把這當成手段去得到自己想要的一切，她認爲這是舞弊與抄捷徑的方式，建議我應該提倡以正直又道德的方式追求成功才是對的。

頓時，我豁然開朗，原來臺灣的儒家思想教育、文化還是偏向保守。對正在探索並養成性格的年輕人來說，可以當一個有魅力的人，但也好像只能以「善良、正直、謙虛」的方式演繹，必須從中選出一些圭臬來遵循，否則會讓人有負面觀感。因此，任何瘋狂、誘惑人心、自信誇耀的言行舉止都不是適當的。

當然，我並不鼓勵大家過分自信、過分誇耀自我，或是運用一些自身的魅力去左右他人意志，甚至做出傷害他人的舉動。只是我相信，除了一些保守與天性害羞的人以外，也有很多熱情奔放、喜歡追求衆人目光、享受站上舞臺的人。這些人，因爲處在臺灣這樣保守的社會風氣下，多數都不曉得他們是被允許且被鼓勵放大這些特性，讓這樣的特性充滿在個人性格中，進而變成一種獨特的自我魅力。而這樣的魅力，正能讓身邊的朋友想要幫助你，讓主管更賞識你，讓同事更願意跟你合作。

正因爲整體而言，臺灣的年輕人比較沒自信、比較保守，甚至深信這樣算是一種詮釋「謙虛」的美德，所以我才認爲必須鼓舞大家展現眞實的自我，勇敢忠於自己。我想，連舉例都不需要了，想想看每次聽演講或課堂上教授及老師問問題時，臺下那種空氣被寧靜所凝結的尷尬，不就是一種縮影？

在新加坡，常遇到那種已經在公司努力工作很久的臺灣年輕人，不敢親自跟老闆開口談加薪。我曾經聽一個新加坡老闆分享過他的「壓榨」經歷。

他和他的中國合夥人在新加坡開辦了一間補習學校，裡面有五名臺灣員工，其他多數是新加坡、馬來西亞、印度及中國的員工。他說，他曾請全公司的員工在隔月考核時，自己私下找他談加薪，請員工自行評估並開價。結果，全部十八位員工裡，臺灣人要求的加薪比例最少，甚至還有一個才來一年的臺灣人自己跟老闆說，因爲英文能力實在很差，認爲自己不需要加薪，所以老闆當然也就沒有加他薪水了。雖然對這一個例子來說，只是臺幣幾千元的損失，但我認爲，臺灣普遍弱化自我的思維，會造成很多後續追求個人目標與夢想、爭取各種機會的失敗。

放膽成為想要成為的自己

在鼓勵大家練就一身具有魅力的性格時，並不是鼓勵一個害羞的人練習變得能言善道，而是在理解自己具有哪些性格後，反覆且相對「誇大化」的將這個性格端出來，呈現在別人面前。爲什麼要這樣做？原因有三：

①想靠魅力去達到目的的人，通常都是要面對生活中「弱連結」的人群。

②直接吸引到願意接受並喜愛這類性格的人，篩選掉不喜歡這類性格的人。

③練習坦然舒適面對眞實的自己。

「弱連結」是指比較少機會和我們溝通、互動，且比較不瞭解我們的人。對他們來說，任何一點點面對我們的感受都會被放大，必須給他們機會，在每次與我們有互動或交流時，感受到我們的特性。

「強連結」的人群，則不須靠魅力達到目的，因爲這些人會與我們有其他的情感與牽連。例如你現在需要跟一位不熟的朋友募款一千元，這種不太難也不是這麼簡單的任務，對強連結的人（父母、男女朋友、閨蜜、兄弟）來說，會因爲愛你與重視你的程度，而選擇直接提供幫助；反之，對於弱連結的人，則要看你的個人魅力是否對他們有吸引力而決定。

所以，我提及的「魅力」，並非巫術或暗黑手段，反而是讓人擁有更認識你且直接把你對號入座到正面特質的機會。那是一種他人所看見的強烈感受。

我是一個膽子很大、有時候有點瘋狂、又有自信的人，因此，在網路上、社交場合認識新的人時，我總會更用力且重複不斷的在言行舉止中表現出這些特性。雖然我從不會在網路上或面對人時說：「嗨，你好，我是艾兒莎，是個很有自信又勇敢的人。」但我會在發表想法與交談時，聲量很大、舉止大方且有點男性化，講話直接且眼神堅定的看著對方與整個環境。因此，我很容易遇到兩種人，像是喜歡我的人就會無私的一直支持並跟隨我，在找創業夥伴與資金時，就更容易被喜歡這樣性格的人感受到，直接提供幫助給我。

也有些人並不是非常喜歡這樣的我，但因為他們聰明且相對害羞，會需要這樣性格的人，因此也會接近我，試圖觀望會有怎樣的合作可能與火花。如果以網路上的區分，可以想像，就像是鐵粉和普通網友的差別；如果以我生活中的朋友來區分，就像是閨蜜與普通朋友的差別。

相反的，要是我只是偶爾有點自信、偶爾講話聲忽大忽小，並且在談及自己的想法時顧左右而言他，別人只會感受到一些不明確的特性，認為我可能是個擁有自信的人，可能擁有獨立的性格，但無法強烈感受到被什麼東西吸引。這也代表，我沒有成功的把自己的特性練就成吸引人的魅力。

這些或許跟行銷很像。例如明明一雙球鞋有一百個優勢，如果該公司只是把一百個產品優點條列寫出來，你會得到很多關於這雙球鞋的正面資訊，卻感受不到它帶給你任何的感動或吸引力。講白了，你對這雙球鞋的無感，就來自於它對你沒有魅力點。

而如果用另一個方式，把它的某幾個特點提出來，反覆傳頌，你對這雙球鞋可能會有兩種反應：完全不理，因為那個宣傳點並沒有觸動你；或者，你有可能被主打的特點吸引，因此無所不用其極的想要得到並支持它。後者，就是做品牌。其實，將魅力以生活中的各種品牌來比喻，或許比較容易感受到我所言的重要性。

明明你是一個這麼可愛善良又美好的人，為什麼另一個沒有比你好的人，卻能夠更受歡迎、更容易獲得升遷？很多中價位品牌，或是不知名的手工包包，明明質感或各方面都比頂級名牌包包好，為什麼無法以這麼高的價格出售，並且受到歡迎？答案是一樣的。

自在且真實面對自己的性格

在理解那些魅力的可用之處後，還有一件最重要的事：要自在且眞實面對自己的性格。這麼一來你才會對那樣的自己更自在，更喜歡展現那樣的自己，更容易擁有自信。如果沒有自信，就做不到反覆且誇大呈現自己的特性，也就不可能把自己變成有魅力的人了。

我們每個人都有自己的性格特質，有的人害羞不善社交，有的人口才很好，有的人很幽默，有的人有愛心，有的人容易多愁善感，也有人比較激進……我認爲都很好、都沒有對錯。口才比較好的人並沒有優於不擅言辭的人，只是溝通方式不同罷了；害羞的人或許表達方式強在畫畫、強在用文字分享，而釐清這點，就更容易去接受自己的眞實性格了。

總而言之，周杰倫低調聽起來很酷、很加分，但是一個默默無名的普通人要低調，就沒人看見他了；郭台銘不需要再繼續表現霸氣的魅力，因爲光聽到他的名字，就能聯想到霸氣與遠見等令人崇尚的魅力。所以，正因爲我們誰都還不是，過分謙虛不是我們現在該做的事。

在我多次分享、訓練個人魅力時，有些人會問，那不就是市面上很多書籍在傳授的領袖特質嗎？其實可以算是，但我所提的魅力養成，也不能只靠領袖特質。

領袖特質都是比較正向且能引領群體的特性，勇敢、自信等特質都是必要的，因爲在個性中奠定權威，才能很直接的領導或影響他人。不過，大多數人都會覺得自己既不是創業家也不是名人，不是團體領袖也不是公司主管，而對這類型的領袖特質訓練並沒有太大的興趣。所以，我認爲光是名稱，就會讓大家覺得跟自己沒有太大的關係，這樣很不好，因爲每個人都應當自己的領袖。再者，除了名稱外，隨著社群網路的普及，自媒體爆炸式的發跡，網路世界與現實生活的群體中，對各種特性的人的需求都漸漸增加，並且是透明化的。因此，不只這些世俗觀感比較正面的特質能被認可，其他特質也都被允許且被廣泛的支持了。

例如幽默有趣的人、樂觀正向快樂的人、可愛戲劇化的人，如果只擁有其中某一項特質，或許不可能成為傑出的領導人，也不符合領袖特質，卻可能在這個販售療癒、正能量的世代，被肯定、被愛戴。如果還無法感受到反覆宣揚這些特質可以得到多少正面感染性的回應，看看時下那些爆紅的部落客、YouTuber，就可以完全理解了！

在意見領袖遍布的環境中，每個人都有機會出頭，被看見、被聽到，但也代表，如果我們再覺得一切事不關己，不發聲、不思考，就只能等著任人宰割，也無法利用自己的特質達到出名、盈利、聚集眾人的目的。所以，激發出自己的魅力性格，就顯得格外重要了。

或許你沒有立志成為網路紅人、意見領袖，但是你會有自己的朋友圈、生活圈、工作圈，而在這些環境中，不管你期望達到的目的爲何，那也都會是你需要發揮魅力的地方，因爲你永遠都是自己生命的主角。

你是善良的人嗎？

當然，在各種增加魅力的方法外，還是有幾個必備的基本特質作爲前提。其他特性我就不多說了，對我而言，一生奉爲圭臬且唯一最重視的，就是一個人的善良與大方。

每個人對善良的定義都大同小異：保持和善的心，對待人或自己都誠懇正直，甚至要「己所不欲，勿施於人」。

很多人會問，自己曾經做了一些不好的事，但也不曾眞正做到殺害他人或陷害他人等嚴重的事，這樣還能算是一個善良的人嗎？對我而言，人總有七情六欲，只要在關鍵時刻，還有在做各種選擇時，永遠都選擇堅持善意，那就是善良了。

前面提到了各種魅力的養成，但，只要想像一個人在你面前很浮誇的表現出自信與膽量，而你又同時知道他是一個專門騙人錢財的詐騙集團首腦，那些原本是正向的特性，頓時就會讓人產生非常不好的感受。

管理學中有一個很有趣的「酒與汙水定律」，意思是說：一匙酒倒進一桶汙水裡，得到的是一桶汙水；把一匙汙水倒進一桶酒裡，得到的還是一桶汙水。顯而易見，汙水和酒的比例並不能決定這桶液體的性質，眞正起決定作用的就是那一勺汙水，只要有它，再多的酒都成了汙水。這就跟人格養成的狀況是一樣的。如果一個人具備的是不善良的性格汙點，那有再多的才情與魅力，也都淪爲空談了。善良，眞的是最重要的關鍵。

另一個必要特點，是某次我讀股神巴菲特的故事得到的，內容是建議大家找具有大方特質的人合作。

在一場和大學生的交流會上，有位學生問巴菲特，一個人最重要的特質是什麼？他說：「如果給你機會，讓你買進某個同學十％的股份，直到他的生命結束，這樣的投資，你會選擇哪個同學？是很有錢的小開？還是最聰明的那位？或是精力最充沛的那位？左思右想後，你一定是選擇最認同的人，因爲他具備誠信、慷慨的特性，並且願意把努力的結果與利益，分享出去。」

如果，我們自己都會做這樣的選擇了，那是不是也該時時謹記在心，必須練就且堅持擁有這樣的人格特質，讓他人會因此想相信我們、選擇我們？

準則 8
自律能力養成

我的能力不足了！

還沒開始寫部落格前，我的身分非常簡單，就是一個偶爾喜歡做夢，偶爾思考一下自己的夢想卻又不敢行動的普通上班族、小資女。

後來到了新加坡，開始尋找新的機會，同時也需要應付這裡的工作，還要準備寫書、經營社群網路，時間被瓜分得非常零散，生活也被搞得焦頭爛額。經過這些年的大轉變，表面上看起來，外人並不知道我遇到的挫折是什麼，甚至「敗筆」是什麼，因爲我還是出到了第三本書，並持續經營社群媒體，新創的公司也持續在營運。表面上看來一切從未停擺，一直都有作品產出，似乎沒什麼大問題。

但此刻，我是第一次公開跟大家分享：來到新加坡的第二年、完成我的第二本書後，其實我的人生和生活一團亂！而且亂到不可思議！這也是很多人問我爲什麼在新加坡的這段時間單身這麼久，我卻答不出來的原因——因爲我連

「面對自己」的時間都找不到了啊！（其實，還嚴重到推延了這本書的出版時間，否則去年中就可以成功出版了呢。）

在這樣的一團亂裡，我眞的一度以爲自己要患上躁鬱症或憂鬱症。每天除了無比的壓力與痛苦外，身體健康也被影響，內分泌失調、嚴重失眠又疲倦，心理上對無能爲力自我整頓的自己，更是無止境的自責。

曾經有人問我，像我這樣對自己有這麼堅定的信念，是不是從來沒有缺乏自信的時候？我必須承認，整體而言，我當然還是靠自信及那份對自己的信任，走過這段最糟糕的時間；但若把這段時間拉近並切細，會發現，很多個瞬間我是醜陋不堪且毫無自信可言的。這就跟許多人問我，難道沒想過「放棄」這兩個字？我都會回應，整體而言，在人生中我沒有做出什麼眞正放棄的選擇，但無法否認，很多個最低落、身在深淵的瞬間，我都在腦中想著如何放棄，只是好險最後我還是沒有選擇那條路罷了。

在面對這些排山倒海的混亂時，我試圖找很多朋友，甚至家人求救並詢問，但因爲這些人都是非常愛我的人，只希望我過得輕鬆快樂些，所以他們的回答一致是：「哎呀，你已經很棒了，是你給自己太多壓力了。」當然，我非常感激他們的用意，但這並不是我要聽的答案，而我心底也知道，這不是對的答案。畢竟講實在且難聽一點，我根本還沒做到一家五百人公司的總裁，也沒有掌管幾千萬的資金，更不是做什麼無人能及的挑戰啊！難道是我抗壓性太低？還是這就是我人生的能耐與最後巔峰了呢？

後來，我停下所有工作，一邊調養身體，一邊看了很多書，詢問了很多跟我不熟的菁英朋友，同時也靜下心來慢慢反省，才發現一個很殘酷的事實：我的能力根本不夠了。

當我發現這項事實時，首先是很疑惑，後來才豁然開朗。因爲從我開始寫部落格以後，幾篇文章讓我變得比較有知名度了，接著更因爲運氣，以及當時傻傻埋頭苦幹、有機會就衝去抓的勁力，才可以走到這樣的程度。但就像管理公司一樣，管理三個人，可以只靠各種個人魅力與關係，但超過三個人就需要運用管理學，超過十個人就要用系統與組織，而沒有這些訓練與知識的人，在管理三人以上的公司會挫敗時，就代表經歷、能力不足了。

想通這些後，實在頗受打擊。原來，我開始組織不了自己的生活、做錯一些決策，工作成績開始下滑，寫作能力也開始變差，其中一個原因就是能力不足！詢問那些菁英朋友時，他們也異口同聲的告訴我：「是啊，你現在遇到的問題就是能力跟不上現況，只好面對吧！」

可是，能力要怎麼養成呢？總不可能立刻停下手邊的一切事物，直到過了很長時間、歷經更多事後，才重回工作與所屬角色崗位吧？

剛好，就在前面幾個篇章──提到如何運用各種方式得到更好的機會、賺取更多薪資、提升自我價值──之後，我們必須討論到：該如何持續保有這些努力爭取到的事物，並持續讓其在自己的控制內增長？道理大概就跟「賺錢容易，守財難」一樣，如果只懂得一味的賺錢、找錢，卻不懂理財與避險，到了一定時間，財富不但沒累積，也沒有以必須的指數成長，那就代表打理財富的能力也是不足的。

爲什麼這段故事對我而言這麼重要，主要就是，我陷在其中打轉時，眞的太少人敢（或願意，甚至忍心）直接告訴我：「對，你就是能力不足。」良藥苦口、忠言逆耳，所以，我也害怕有些人可能會遇到跟我一樣的問題，卻沒有像我一樣，身邊有敢直言直語、讓你能找到這份答案的人，那就錯失面對現實並解決現況的機會了。

除了得到這個答案，還必須要有勇敢面對這個答案的強壯心智。就連當時，雖然我自己先約略摸索到了答案，但在菁英好友當著我的面、直接武斷的說出來時，我仍感到不甘心，甚至覺得自尊心備受打擊，情緒頗爲複雜。但我很慶幸自己有嘗試面對這個現況，放低姿態、自我學習、努力鑽研，成功在半年內完全改變混亂，我的生活、人際關係、身體，甚至是心理狀態也擁有全面性的正向改變。更不可思議的是，在這些改變過後，我的事情變得更多，工作量更大，更常出去玩樂、社交、旅遊，肩負的壓力更大，卻沒有任何一點讓我打回原狀的跡象，也沒有讓生活回到亂糟糟的模樣，更沒有因此鬱鬱寡歡。所以我更確定，這個發生在我臨近三十歲時的低潮期，讓我有機會練就成長的能力。

超乎期望成長的祕密——極致的自律

這種讓人能在短期內擁有超乎期望的成長的能力，就是「自律」。

或許有些人會有點失望、覺得奇怪，爲什麼是那麼常見的方式，而不是什麼祕密法寶。可惜的是，當時我也期望能找到一些更快速、更獨特的方式去累積自己能力，但是，這眞的就是唯一的方式了。

自律靠的是習慣，習慣的建立靠的是刻意且反覆不斷的長期演練，而刻意且反覆的練習，則需要清楚且全面的意識去創造。所以，自古以來已經有太多人在呼籲的良好習慣養成，對你我來說，並不是什麼新知趣聞。從幼稚園開始，或是有記憶以來，學校與家庭也以各種規定、教育、賞罰，讓我們擁有良好的習慣，以利發展自律人生。

我在面對一團混亂時，並不是不知道這些道理，也早就聽過很多TED Talks、成功人士的分享，解釋人生最終的成就與目標達成率，跟「習慣」有多大的關聯。但就算如此，你是不是也像我一樣，還是從未眞正落實那些自律生活該有的習慣，導致生活、工作中的慌亂和時間的浪費，積累到最後到達無法靠小聰明或臨場應變的臨界點？

我也不是一個懶散或不想追求目標的人，所以，當時在找尋答案時不斷思考：爲什麼我看過這麼多書，得到這麼多習慣的重要性資訊後，還是不願意下定決心有所行動？原來，就是因爲我對自己想追求的目標，下錯定論了。

前面有提到，我對自己人生成功的定義並非有多少名利，而是追求到極致的自由。所以我不斷提倡自由的重要性，也確實在生活中不斷努力忠於這個思想去實踐，引導大家理解我努力追求的是自由的思維、自由的時間、自由的成爲想要的自己。當然，最後也要財富自由才能呼應前面幾項自由，可是，如果我在生活中臣服於爲所欲爲的誘惑，還錯以爲那短暫的臣服與欲望釋放便是自由，就不可能得到眞正的自由了。

事實是，要得到自由，只能倚靠「極致的自律」。

如果我希望擁有自由的時間，能讓我在不工作時，專心的放空或玩樂，我卻一再放肆的將需要在期限內完成的工作放在一旁，不去理會，累積下來，我怎麼可能還有眞正空閒的時間？

如果我想要有個能爲遠大目標長期奔波的身體，就需要經營健康和精力，但如果每次看到誘人美食或吃到飽的餐廳就要享用，毫不忌口，那又怎麼能自由的在追求目標的人生中行走？

如果我想要當一個眞正有影響力的部落客，卻在懶散時不發文，想到才寫一下文章，那連想不想當部落客都沒得選擇了，因爲根本沒有資格，部落客這個選項不可能沒來由的就突然出現在我的生命中呀！

因此，在苦口婆心的告誡自己，同時也力勸讀者要即刻力行外，我總結了五項當時在大量找尋資料與模仿各種書籍推薦的方式時，所試驗成功的方法。當然，如果你有興趣，可以去找更多相關議題的網路文章或書籍，其實光是網路的資料就眞的非常多了。在這樣的演練過程中，我也試過更多其他沒有列在這五項內的方法，雖然都是基於養成良好習慣（只是理論有些不同）的方式，但我還是因爲不知名原因（是眞的不曉得哪種因素），後來都無法堅持，甚至有些才試驗了幾天，就覺得痛苦不堪，根本無法達標。

那些不適合我的方式，是連我也想像不了它未來有可能成爲我生活的一部分（習慣）。所以，不管你最後選擇哪一項精實練習，也都必須以顧慮到自己的合適程度爲前提去發展，否則，只要一有痛苦的感受，就會引發挫敗感，如果因此放棄練習自律的機會，可就不好了。

以下這五項，是我眞的有持續遵循、演練，並覺得幫助頗大的準則，其中包括：目的閱讀、時間管理、欲望克制、專注控制、刻意練習。

這幾項分別都可以再拆解成更小的支線，甚至有很厚一本約六百多頁的書專門討論其中一項議題，有興趣的人可以再去深入研讀，我在這裡只會分享自己的觀點、實際運用的過程及遇到的問題。

目的閱讀

透過閱讀取得專業知識與各種新訊是絕對必要的。

但是在我還沒如此強烈感受到自己的不足時，總是認爲「大量」且「持續」的閱讀，就能幫助我累積知識與能力。事實上，根本就大錯特錯。因爲很多時候，我就只是海量的讀了，未必吸收得進腦中，讓這些文字變成自己的智庫，反而常常徹底忘記什麼時候讀了哪本書，更別說關鍵時刻能不能運用所讀、派上用場了。

後來，我開始研究那些隨時都能與我頭頭是道的深度討論某本書的朋友，才知道，這些人跟我有最關鍵的差異——選書。他們會選擇對自己或自己所做的事，以及與自身問題有高度關聯性的書，所以在看這些書的同時，也就能將自己與當下生活難題結合，比較有機會與自身經歷和情緒連上關係，進而更有記憶點、更能咀嚼那些生硬的文字，消化成自己的觀點與想法。像是我們在完全非英語的環境中學習英文，就算花費很長的時間努力學習，也不及把自己丟到當地的語言學校去學習，因爲當人已身處在那樣的環境中，學習也會帶有更多目的感與關聯性，讓我們知道，待會兒下課買東西時，需要怎麼講、怎麼使用課堂所學，進而使這項能力（語言學習）在這個時候進步更快，或至少連接所學更多。

但是，理解這件事，並不代表我能馬上做到。以前，每天到了閒暇的看書時間，我總還是喜歡先把談論感情、有趣的小說擺在面前；但是，現在非要利用閱讀累積自己的能力時，就必須養成習慣，更常選讀一些能解決我問題的書，例如時間管理、專注力與毅力的訓練。也不是說就完全放棄自己喜歡的小說或輕鬆類別的書，而是在每天選擇要閱讀的書籍時，必須養成習慣，把多數的時間拿來閱讀對我而言回報率更好的書。

時間管理

當全世界的人都用一樣的尺度去分割生活時，誰能主宰這個尺度就能成功；反之，則會被其奴役，甚至浪費生命。

市面上有太多的書籍和理論在分享管理時間的方式。在我要把一團亂的生活拉回正軌時，我跟以前完全不一樣。

以前，我只會在週末的時間，寫下幾個大方向，例如月底前交幾份稿、幾月幾日前要交出結案報告等。以前事情不是非常多時，若是到時限前突然發現只剩幾天，甚至幾小時，我都能用最大的衝刺力，把一切及時完成；可是當我發現在某個時限內，我同時要給不同的人事物回應時，我就開始不斷的丟出空頭支票，不斷的毀壞自己的誠信，最後造成別人的困擾，自己也很痛苦。

後來我發現，時間管理眞的是極其重要的事，並且在管理過後，努力實踐更是至大關鍵。於是那時，在每週日的晚上，我都會大概思考接下來兩週要做的大事、小事、任務、計畫，並詳細的寫下未來一週內每天要做的事，有時還會把隔天該做完的工作與待辦事項，依照早到晚的時間分配，一一寫下來。如果睡前沒有這樣做的話，隔天我就會不小心睡得比較晚，起床後有點茫然，隨機著手一些突然想到的工作。

每個人可能會使用不同的方式，但主要目的都是希望自己要先認眞規畫好接下來的時間分配，才能看清事情的輕重緩急，並如期完成。

而在寫滿各種行程給自己後，確切實踐才是最難的部分。一開始會滿辛苦的，因爲跟平常那種隨心所欲的感受差別很大，好像做什麼事都有種被逼迫的感受。所以，我是花了三週，才開始能夠連續十天以上都有做到我事前安排給自己的行程。其中，最需要訓練的，主要是自己的心志，而那個心志，來自於毅力與克制欲望的練習。

欲望克制

講到欲望克制，眞的就是我一生的功課。

面對時間混亂時，我有時會爲了當下的享樂，搞得更混亂，將更多事情堆著，完成不了。大腦永遠都想要往舒適那端衝去，例如明明就在減肥，但看到超美味的鬆餅，還是會不由自主先走進去買一份，告訴自己明天再重來；或是在工作非常忙碌時，卻選擇先休息一下，看一下影集，不小心就把一天浪費掉了……這些都是沒有克制欲望的結果。所以，當我發覺自己已經處理不了一連串錯誤抉擇的後果後，才意識到克制短暫私欲的重要性。

我照著到處搜集的資料，練習了不少方式，甚至還看過一本專門討論大腦和意志力的書，才發現，先冷靜的與自己對話，是我在每次差點要做出衝動決定時最有效的方法。我冷靜的告訴自己：做了A決定和B決定各自會產生什麼結果，而該結果跟我一直期望的目標有什麼互相矛盾之處，做了某項錯誤決定後，我必須再用多少代價去補償等。這些對自己的嘮叨聲，能夠喚回理性，讓我不做出衝動的決定。久了，自然而然就不需要靠對自己叨念，就能避免做出衝動且損己的決定。

專注控制

練習克制欲望時，很多專家都說，要懂得控制自己發揮專注力的時間與時機：面對當下這個立即享樂的欲望時，我能不能把自己拉去專注在長遠目標上。同樣的道理，也運用在管理時間上。

好險，專注是可以訓練的。當時我認爲自己最欠缺的就是專注力，因爲已經一團亂了，又想要東跑西跑、東問西問的去找尋答案，嘗試各種方法，就讓整個情緒與精神更加分散。後來，我下定決心先從「修身養性」開始，就以最普及的兩個方式，練習我靜下心專注於手邊事物的能力。很簡單，就是每天一早起床，先不要急著吃東西、做事，而是用一個最舒服的姿勢，靜坐在沙發上。書上說這算是冥想，所以不能聽音樂，手機必須調成飛航模式，盡量不動，呼吸必須不疾不徐且順暢，什麼都不想的閉著眼睛，維持大概十分鐘——我個人都是調十分鐘的鬧鐘提醒。其中最困難的，就是不要睡著、不想事情。

不睡著，大概在我練習第二週以後就成功，而且第三天後，就能夠達到身體不會有想抓的癢、沒來由的咳嗽或是一些眞的由自己引發的干擾。雖然我必須老實講，至今這樣陸陸續續練習了一陣子，還是不一定有辦法每天都能在這十分鐘內完全不想到其他事物、完全淨空腦袋，但不知道爲什麼，在平常想讓自己冷靜，或在慌忙中想要立刻調理思緒時，卻能靠自己的力量立刻切換到專注的心境，並且眞的能較快完成工作，還不會出錯。對我來說很不可思議，因爲我就是那種非常容易被外界影響、很難定下心的人，以前甚至曾爲了要寫出一篇文章，從家裡的客廳跑到書房，又跑去星巴克，都還沒辦法寫出超過兩句話。有一次，還在兩個小時內換了三間咖啡廳，每次都點了一杯咖啡，還是沒辦法專心。想想看，我這樣的練習，讓我省了多少時間和浪費掉的金錢，更能有更多、更好的產出！

刻意練習

暢銷書如《異數》《一萬小時定律》《恆毅力》等，都在反覆宣導刻意且有效的漸進式練習所能習得的成就。這些內容大多是要我們不但要持續練習一件事，更要很刻意的不讓這件事被打斷，且需要讓難度漸漸加深，而達成「刻意」的概念。

所以，前面所提的，或是你自己使用的各種養成好習慣的方法，其實都可以試驗，只是必須記得，所有這類型的方式都不會是簡單的，且長期下來實在會很無聊且痛苦——這是因為，有助於把人往上推的事物，基本都是逆人性的呀。所以，對於習慣養成的任何方式，與培養能力的任何試驗，都要以刻意練習的概念去貫穿，才能確切養成。

事實上，我並不是這個領域的專家，但精心計畫這些自我培養，確實幫到我不少。我發現這足以讓身體與大腦在遇到任何細微的選擇時，都能慣性、無意識的做出精準（有效率、有效果且相對於長遠來看比較正確的）回應。擁有這樣的規律，就是自律，而這個長期的自律，是目前我試過能在短期內累積各種能力的最好辦法。建議讀者務必看懂其重要性，並馬上親身實踐。

準則 9

成功的唯一祕密武器——以愛之名

蹲在地上削地瓜

去年初，在寫這本書時，我特別找些令我尊敬又崇拜的人取材。這些讓我很感興趣的人，並不是靠著已經成功的事業或生活吸引到我，而是那份在經歷生命低潮時，硬生生爲自己爬起來的堅毅魅力。

「二〇〇九年，經濟蕭條很嚴重，當時我從紐約市立大學商學院畢業，不想直接找工作。剛好，那時的男朋友在做餐飲，所以我也對這塊領域很感興趣……於是，就這樣發現了在新加坡賣臺灣雞排的可能！」一九八四年出生的Phoebe這樣對我說。

Phoebe雖是臺灣人，卻是一位在新加坡無人不知、無人不曉的成功女企業家，她的「我愛台妹」在新加坡可是首創的臺灣雞排加珍珠奶茶複合連鎖店。

當天，我們坐在新加坡的一間購物中心裡。我認眞的敲打鍵盤，同時急著問好多問題，就是希望這本書能給讀者更多不一樣的「內幕」。當下，我一直試圖逼問出她的成功時機、成功方式。整整一個月，我利用零星時間，在週末約了不少像她一樣的人物，也試圖在鍵盤敲打中問出些名言，好讓我寫在書中。

依稀還記得，當時Phoebe回我一句：「其實成功沒這麼複雜，就是一直、一直去做別人不想做的事情。」

我抬起頭，直直問她：「例如？」

她說：「像是蹲在地上削地瓜。」

我聽到之後，興奮的問她：「你是不是曾經就這樣頂著紐約市立大學畢業的光環，蹲在門市前面削地瓜？」她爽朗的說：「是呀！」但她說，這就是她堅信的成功方式之一。

或許是吧，但就在我把這些字句記錄下來的同時，她喝了口咖啡，接著說出這八年的時間裡，她是如何在新加坡這個人事成本極高、租金很扯的黃金戰場中，從一間店開到二十間，卻在創業第三年時，大群員工集體請辭，以及一連串問題都在那瞬間爆發……可別看她現在風光亮麗，她還曾在剛創業時找各種方式去借錢，只爲了發獎金給員工，自己卻連當月薪水都沒得領。

當然，這般性格的創業家，成功也不會讓人感到意外。

就在她與我無私分享這些故事時，我想起另外兩個也在新加坡工作的臺灣女生，一段段獨自到異鄉闖蕩的拚命事蹟。她們現在可都過得比我還「爽」，其中一個今年剛滿三十六歲，卻已經退休了！還有一個臺灣女生Jessica，年紀跟我差不多，雖然是跟著家人一起來到新加坡發展，但每天也是非常忙碌，只爲了幫助家裡的事業持續創新及拓展下去。

我聽著Phoebe一連串的奮鬥歷程，腦中同時不斷跳出這幾個女生的臉龐，赫然才發現，天啊！我竟然找到她們的共同點了。根本不須再去聽更多、挖掘更多祕密或隱私，我就見證了成功所需的最大元素。而這個元素，是我堅信世上唯一能讓我們成功翻轉人生的祕密武器。爲什麼我敢如此深信？因爲我眞的見證了太多人運用此準則將人生經營得非常美好。想想看，我們常在生活中進行思考與分析，並在不斷的抉擇中，找尋機會點；沒有找到的人，也會繼續靠著接下來的抉擇，慢慢在試誤中努力著。但想要讓這些過程反覆持續，並且不能隨意中途棄權，實在不可能單靠意志力或一些空洞的正能量。那麼，該依靠什麼呢？就是我們每個人都擁有的「愛」。

愛的力量無可比擬

「愛……愛，能做什麼？」跟助理討論這個觀點時，她不以為然的問著。

Pheobe在十五歲時來到新加坡，當時父母離婚，但媽媽之所以帶她來新加坡，是因為不想讓她看到家裡當時的經濟衰敗狀況。因此，她也很努力的扛起家中責任。

或許因為她是長女，所以我完全可以理解那種認定自己必須扛起的責任感。但也是因為這樣的連結，我才會立刻想起那些也很拚的臺灣女生。她們的共同特色都是——那股想為家人做些什麼、證明些什麼的衝動。而這就是我認為最珍貴的「愛」。

這世界上有很多種「愛」，愛情的愛、親情的愛、友情的愛、戰友的愛……但任何一種愛，只要濃度達到一定程度，必能沸騰到足以讓生命持續充滿衝勁。

我「相信」愛！或許，「相信」兩個字不足以詮釋那程度；我應該說，對於愛，我是「信仰」的。

可別小看愛情。我認識好幾個男生、女生，都因為追尋真愛，跟著對方來到新加坡，一起打下一片天；或是分開後獨自定居下來，給了自己很不一樣的新生活。

可別小看親情的愛。當年我的父母離婚，支撐媽媽獨自扶養三個小孩長大的，就是愛。

而我在這一路上，願意一直馬不停蹄的衝，也是因為希望帶給家裡更多的資源與安定。

來到新加坡前，那位臺灣女孩Jessica在美國已經過得很不錯了，卻因爲必須協助家人在新加坡的生意，努力將原本已經不錯的家族事業往新型態發展。她帶著自有品牌「Emerald美人蝦」，讓很多新加坡人吃到最美味的冷凍鮮蝦，因而間接爲家族海產事業打響了名號。

最近，我才在臉書上看到，Jessica在新加坡爲家族打天下的同時，更拿下許多機會。她利用自己對東南亞市場的理解，將其變成知識與資訊，帶回臺灣，成功將紅遍星馬代購群的超級泡麵「台酒花雕雞麵」帶入新加坡。甚至在正式進入新加坡前，她更將臺灣政府提倡的「南向」政策執行得很徹底——在本書出版時，已正式把臺灣之光泡麵帶到澳洲。

我室友的同事多數是新加坡、馬來西亞人，他們常常特別託她從臺灣帶回這款泡麵。每次聽到他們嚷嚷著「有多麼好吃」的時候，這也是我唯一對「小確幸」有所驕傲的瞬間。

Jessica說：「很多人問我是如何辦到的？我們常聽別人說『要隨時做好準備，因爲機會是留給準備好的人』，而我覺得，一定要把握住每個機會，不管是多小的事，當它來臨時，都要以正面和開放的心態去將它做好，因爲我們永遠不知道這個機會背後產生的連結及連鎖反應會如何帶領我們進入下一個機會。遇到困難，絕對不要氣餒，搞不好這也是個機會，因爲如果沒有困難，人人都能做得到。」

臺灣，是一個很小的島國，卻有很多人用愛與強度包容心，體現自己的力量，這些是我到新加坡、走出自以爲的天龍國後，才看到的事；這些事很重要，因爲雖然世界並非如此平等、社會也沒有如此完美，但在每個自己拼出的路程中，也都同時拼成了一個完整視野的自己。這樣的我，我認爲可以算是「完整」了。

想當年，我因爲失戀，把自己踢出臺灣這個傷心地；後來，我因爲懂得愛自己，逼自己必須在異鄉努力往前；最後，我因爲愛我的家人與粉絲，繼續做

「應該」與「對」的事，好回饋那些幫過我的人。只有愛，能讓我眞的離鄉，卻也能讓我努力的光榮返鄉。愛的偉大，在每個人身上都會成爲一股可以發酵的力量，那是無可比擬、無遠弗屆的。

你說，這不是因爲愛，是什麼？

世界上已經有太多聰明的人可以條列出好幾個成功的關鍵，然而，我想在最後一章讓大家知道，那些條列出的原因，你可以在很多書裡看到、在很多人口中聽到；但是，當你像我一樣，尋找成功故事原型的基數已經如此龐大時，就不難發現，「愛」所產生的責任，讓父母願意在年輕時非常努力的打拚，也讓面對各種人生難題的年輕人，願意繼續努力。

馬來西亞年輕人給我的啓示

來到新加坡後，我才第一次對這個國家的情況有點概念，也大概理解馬來西亞年輕人的普遍處境。他們的痛點其實跟臺灣年輕人滿像的，一樣都是在自己的國家無法找到活口薪資，甚至是在很不景氣的這兩、三年裡，家鄉壓根沒什麼工作機會，因此選擇放下一切，遠赴新加坡尋找夢想。

馬來西亞人天性樂觀、性情又好，我剛到新加坡時最快結識的朋友、打入的圈子，也都是馬來西亞人。所以，當我聽到幾個從檳城、新山、東馬過來工作的朋友的故事後，才發現臺灣與馬來西亞兩個時空交錯的有趣點。

幾個跟我同年齡的馬來西亞朋友，雖然手中都拿著iPhone，玩著IG、臉書和各種交友軟體，偶爾念一下政府、抱怨一下雇主、嚷嚷著新加坡物價高存錢難，卻也一直把計畫回家的日期往後延。明明我們這些臺灣人跟他們一樣，在新加坡也是「外勞」，也一樣生逢臉書與網路通訊發達的時代，卻因爲馬來西亞的政治與地理環境跟臺灣很不一樣，讓我們這兩個國家的年輕人，產生很大的差距。

這些馬來西亞人，在家鄉大多過著不太優渥的生活，因為他們的中產階級並沒有臺灣多。就算臺灣有很多現存的問題，至少過去經濟起飛的風光時期，都讓多數家庭與中小企業有大幅的成長。而我多數的馬來西亞朋友都有四個以上的兄弟姊妹，有些家中甚至多達六、七個孩子，父母卻沒有太大的能力扶養。因此，當他們選擇到新加坡工作時，並不是抱著打工度假、試試看、過個水的心態，而是做出了努力打拚的重大抉擇，只是那個國家剛好是新加坡而已。

他們每個月在新加坡一領到薪水，必定會寄一些錢回家給父母，或是供家中更小的弟妹上學。有些人也決定留在新加坡成家生子，過著很節省的日子，好為未來鋪路。與年紀相仿的我相比，面對自己在異鄉打拚這件事，他們有種毅然決然的態度，不管各種難題與痛苦來襲，依舊樂觀計畫該如何運用所賺的金錢。

在新加坡的短短六年間，雖然我才認識不到五十個馬來西亞朋友（至少都有深識到了解家庭背景與環境），但我對他們的正面樂觀性格與生活態度非常敬重。其中有一半的人年紀都比我小，但寄回老家的薪資卻沒有一個比我少。還有五個人在有點小錢的時候，就帶著家人和老父老母，從馬來西亞出發到臺灣旅遊度假，犒賞自己。

馬來西亞年輕人著實教會我：「愛」能給出的力量，是非常安穩和實質的。他們生長的家庭環境大多沒有比我們好，所以持續咬牙努力著，只因爲沒得選擇；反觀一些臺灣年輕人，還在大肆嚷嚷著不要當臺勞、不要去別的國家受苦，連到了新加坡都還在當媽寶。

三年前，我在新加坡當過短時間的仲介，那是我對一群爲數不少的「臺灣媽寶」有過眞正接觸的時期。當時遇過最多的，就是大專院校的合作企業實習生，有些人到新加坡工作後，因為無法適應環境與壓力，便打電話給我或老師，嚷嚷著要找媽媽。

曾經有一個媽媽期望我們幫兒子找更輕鬆的工作，或是要求將薪水拿給雇主，讓他對兒子好一點。還有個案例，他跟雇主吵架，隔天就想立刻回臺灣，但在新加坡辭職並不像在臺灣一樣能說走就走，還有很多工作准證取消的流程要跑。聽了我們的解釋後，他氣得一直罵，還希望直接打電話給媽媽。但令人驚奇的是，他的媽媽在電話中跟我們說，她眞的希望兒子能成長，也願意每個月給我們薪水、給兒子薪水，只要兒子繼續待在新加坡。

當然，每個人都有自己的家庭問題，也都有自己的人生課題要學習，我並沒有覺得自己比媽寶好，所以也不想對哪些案例做出批評。我剛來新加坡時，因為面臨太多挫敗與痛苦，又常常想維護自尊，所以每次在跟新加坡朋友聊天時，也會不經意丟出幾句愚蠢又沒有責任感的話「反正，回臺灣若眞的沒工作，天天住家裡、吃媽媽煮的飯，也餓不死。新加坡憑什麼這樣對我，哼！」

「反正我可以隨時回臺灣，誰怕誰！」。

現在，長大了，看懂事情背後的意義與自己必經的歷程了。

比較兩國年輕人的普遍情況，我確實感受到，馬來西亞年輕人因爲跟我們的生長環境較不同，在看待自己的責任時，是成熟、懂事且比我們更加穩定的。他們在新加坡的工作內容多數非常辛苦，他們卻鮮少就這樣放棄、打道回府。

寫這些內容，是想和大家分享我眼中的馬來西亞年輕人，也希望表述我對他們的敬重。我期望任何一個在新加坡工作的臺灣年輕人，都能夠去認識他們，親身體會我從他們身上學到的事。

回家，回到你心之所向

昨天晚上回家時，因爲有點塞車，Uber司機就跟我聊了一段很長的路。

她問我哪裡人，怎麼口音這麼好聽，我說「臺灣人呀」，她說：「我就知道！我最喜歡臺灣，也最喜歡去那裡旅行，去年才跟家人去了呢。」她開心的分享自己的臺灣之旅，後來問了一句：「你怎麼會說自己是臺灣人，不是中國人呢？」我傻了一下，她接著說：「我的意思是，我的祖母是臺灣人，祖父是馬來西亞人，他們後來搬到了福建。現在，我爸爸算是福建人，媽媽是印度混日本的混血兒，然後我在這裡出生，但一直都很希望確認，我到底是什麼人。」

她說，在新加坡很常載到遊客，每當她問「你是哪裡人」時，每個人都能驕傲或「信誓旦旦」的說「我是〇〇人」，讓她非常羨慕。她很苦惱，曾經因此離了婚，離開孩子去旅行，一直想找尋自己的家。

她說：「新加坡太多元，太多文化混雜在一起，我好像跟他們都類似，又好像都不一樣。我找不到自己，一直都很孤單，所以在旅行結束回到新加坡後，又結了一次婚，還是失敗。我真的不知道自己在哪裡。」

她在一段話裡至少用了三次「lonely」（孤單），我想她眞的很無助吧。但也很替她開心，她一直沒有放棄尋找自己的歸屬。

於是，本來對她愛理不理的我，跟她分享了一段自己的故事。

剛來新加坡時，因爲不斷的挫敗，也因爲在臺灣的感情崩壞，當時沒有一個朋友，也沒有人教我該怎麼辦。那時的孤單，常讓我不懂自己的定位，也不懂自己到底在這裡幹嘛。每次面試時，不停的面對臺灣文憑不被認可、臺灣語言不是國際語言……一連串的否定讓我極度沒自信，連帶讓我否定我的國家、我的過去、我的背景，這全都是一場錯誤。那時，我也不知道自己是誰……

每個人都希望能找一個溫暖的支柱，尤其是像我這種在外闖蕩的異鄉人，不管那個支柱是俗稱的「家」，還是避風港，或是你最舒適的區域。但當我一次次的爲自己找到精神支柱，就一次次的更加理解：那個家、那份歸屬不該只限定在家鄉或某個國家。我發現，家，就是我心之所向。我相信自己，我信仰自己，我靠自己支撐和給予最大的溫暖，我，就是我的家。

這也是爲什麼很多人在看到我後，總覺得我有種異常的堅定與獨立感。朋友問我怎麼辦到的，我覺得沒有特殊訣竅，唯獨——擁抱眞實的自己，學會和孤單獨處，學會讓自己在最脆弱的時候，靠自己站起來。

這些聽起來不難，但確實有太多人在面對這些課題時，只會找朋友取暖、找社群網路及交友軟體排遣，因爲現代資訊太容易讓你在零點一秒內觸及世界或他人，因此，下意識的這樣做可以麻痺一些深度空虛或痛苦。但這樣一點也無法解決問題、提升自己，其實是很嚴重的問題。

或許有點扯遠了，但我在下車前，很想好好安慰她，卻不知該如何說，畢竟她是一個看起來年紀很大的人，我沒有資格說道理。所以我只在下車前，跟她說了一段：「I believe home is where your heart goes. And so it's not about nationality or history, it is about your heart. You may try to find out where your heart belongs and I assure you that's where you are from.」（我相信你的心在哪裡，家就在哪裡，跟國籍和背景根本沒有任何關聯，一切都只跟你的心有關

係。所以建議你，可以試試先找出你的心之所向，然後就會發現，那個方向就是你的歸屬了。）

聽完這段話，她很安靜的轉過身來認眞盯著我，而不是透過後照鏡看我……剎那間，我爲自己驕傲。

這些年，我眞的長大了。不是透過書的銷量、粉絲人數增長、面膜的營業額去計量，而是那份對自我堅定程度的增長幅度。所以，雖然我一直在外遊蕩，還沒回家，但其實，我就是自己的歸屬，我有能力讓自己一直在家，因爲，我就是家。

有時候，這樣的感受並不是狂妄或自負，反而只是一種對自己眞切的愛所表達出的感受。因爲，談「愛」或許很簡單，在自己的親人、朋友、另一半身上體現「愛」，或許也沒那麼彆扭，但當對象是自己時，或許很多人就卡住了。從練習把自己當作自己的歸屬、深度的享受與自己相處，更能快樂的沉浸在孤單的自我當中，就不難達成這項任務了。

PLUS！
最後加碼武器

不停的在危機意識裡找尋自我動力

簡而言之，在這個世界上要懂得生存，就要知道世界是怎麼運行的。當然，其中包括太過誇張與複雜的根基與理論，但我們不需要深入討論經濟、政治、法律或文化，也能大概有個想像雛形。最怕的是，很多年輕人庸庸碌碌活到三十歲，還不知道自己輸掉什麼，又怎能談贏得成就或翻身的機會呢？

其實，我們多數人都活在資本世界裡，顧名思義，二十％的人永遠會占掉我們八十％的資源和財富。網路及世代快速變遷，M型化更加嚴重，中產階級的我們只要不翻身、不往上爬，就會默默往下掉落M字谷底。這也就是爲什麼我不斷在提醒大家：安逸並不是不好，你家有吃有穿，父母也健在，他們靠自己的薪水收入過活或許就不用你養，但是，人生是一個非常長遠的賽局，現在這十年你算是安全的，不代表往後還能這樣，也不代表你的下一代金錢資源需求不會高過於你。

說眞的，往後的日子，也就是我們的子孫，他們從小該學的到底是注音符號，還是網路或程式語言？服務業被機器人取代，產業的去中心化，讓多種職缺漸漸消失，基本的工作門檻會升高到什麼程度，我實在無法想像。至少到現在，我永遠不怕失敗，因爲我知道，就算我回臺灣做兼職工作、打工，還是可以至少餓不死自己，每個月至少也付得起房租。但未來呢？如果這類工作都被ＡＩ取代了，沒有技能或退路的年輕人，該何去何從？

說得直白一點，我們這群人，只要家裡沒有金山銀山讓我們一輩子或下一代吃穿不愁，我們都承擔不起這份平凡。因此，努力、危機意識、找尋自我動力，一直是我認爲最關鍵、最必須被提倡的事。

有時候，我看到朋友分享一些放棄百萬年薪回老家種田、不求榮華富貴的故事，看起來非常高大上，好像汲汲營營的我們才是不對的。事實上，並沒有誰對誰錯，要看清楚的是，這些回老家種田的人是因爲已經放下一切物質與塵囂生活，還是家裡根本不需要他們擁有危機意識呢？這些都要看清楚，才不會被誤導。就像美國總統川普的女兒伊凡卡，是我很常追蹤的ＩＧ紅人，我看著她每天非常忙碌的經營自己的事業，同時還全心輔助家庭與父親的一切，不管她是假象的經營一切形象，還是只是正式手段，都不可否認這些已經擁有天地的人，比我們還要努力。

再舉個我自己的例子。我曾經非常狂熱關注臉書創辦人馬克．祖克伯的一言一行，他最經典的「每天穿同一套衣服」讓世人崇拜至極，覺得他懂得環保和低調，於是我整整兩個月學他每天都穿同一件衣服，卻到處被嫌，被問說是不是沒洗澡、是不是最近沒錢買衣服。

是啊，就算我努力成這樣，某種程度上還是非常的平凡。但是，先別急著氣餒或放棄，如果你有花心思注意現在的社會風氣與這些極端貧富不均所引發的機會點，就會發現，「平凡」或許能變成我們的強大支撐點，怎麼說呢？爲什麼我能賣書，爲什麼我講話大家願意聽，其實，也就是因爲我這麼平凡。我相信如果是孫芸芸或芭黎絲．希爾頓來寫這本書，應該不會有什麼人買單吧。

我的成功祕訣① 超級平凡的背景

二〇一七年，臺灣知名企業家徐重仁在一段言論中批判現在的年輕人，並以他的方式告訴我們，爲什麼我們這些年輕人成功不了。最後引發一連串的社會輿論，大衆的憤怒讓他必須公開道歉。

提及這件事，並不是又要去分析孰對孰錯，因爲對錯跟我們沒有關係，與我們切身相關的，是從中看到的機會與學習。這件事完全讓我驗證了一直以來我所相信的、平凡的我們的機會點所在。

其實，這個事件如果以宏觀一點的角度與理解心態去看，應該不難發現，這位前輩著重在大家最反感的「年輕人該刻苦耐勞的忍」「年輕人不該花太多錢出國」兩個重點上，這兩句話本身的出發點是好的（若不去看誰說出口的話），至少它不僞善，不像一些企業老闆嘴上說政府對不起臺灣年輕人、社會不該對年輕人這麼殘忍，假裝站在年輕人這邊，結果自己給出的薪資全都比市面上的低薪還低，薪資漲幅更低到不可思議。

有網友拿「四十歲以上的出國人口比例，比二十多歲來得高」的數據去反證，在我看來很幼稚——四十歲以上的人所得較高，本就有較高的經濟能力出國，不是嗎？事實是，我們都清楚自己及身邊有多少朋友，願意拿出一半的薪水去買iPhone，而不是學習英文、進修技能；願意花兩個月的薪水出國玩，而不是拿去投資，不是嗎？這現象擺明存在，硬是挑語病去找數據比較，這不是爲反而反嗎？

但是，該要著重的點應該是，爲什麼即使它的出發點是善意的，卻有如此大的反彈？這才是我們該去思考的事，也是眞的想通後，比起網路筆戰、抵制全聯、討厭誰誰誰，能眞正因此有所收穫的行動。

首先，他犯了生長時代不同所產生的錯亂。

徐先生年紀跟我們父母那輩一樣，生長在經濟與大環境都持續進步的狀態，在實質上與心理上，努力普遍有所回報，也因此，「吃苦耐勞」或多或少對於成功或翻身是非常有幫助的元素。但我們這一代如果只靠吃苦耐勞，大概就眞的一輩子只能蹲在這些既得利益者的腳邊吃苦了。當年輕人都很清楚這點的同時，又因爲科技與資訊的普及，成長過程中的床邊故事是某個直播主月入百萬、某個社群網站創辦人在三十歲成爲富翁，而不是勤儉吃苦起家如王永慶的這類故事，又怎麼能逼他們信那種刻苦耐勞的成功模式？

所得比不斷下滑、整體加薪速度抵不過通膨與物價攀升，這代年輕人與翻身等目標的心理距離過遠，有的是絕望、失望，而不是上一代的希望。在絕望和失望時，選擇偏向當下享受的行爲，雖不正確，長遠看來也不聰明，卻其實很合理。就像如果我只剩一個月可活，我會把所有錢花光的道理一樣。只是，如果花小錢在國內吃喝玩樂會被罵小確幸，出國在機場被看到也要被罵愛花錢，那我們到底該怎麼辦？

這就牽涉到：賺回來的錢該怎麼辦？只有兩個選擇：存起來，或花掉。不花掉只能存了，可是存錢目的是什麼？投資、儲蓄，可以買房增加資產或投資翻身，但這是我們父母那個時代的作法，所以又回到問題的根本：我們再怎麼笨都算得出來領一輩子這種薪水，買房或從中產階級爬上去的機率根本太低，那還是只能選擇把多數的錢先花掉了。這也是曾親身經歷絕望環境和大時代的人，絕對可以理解的邏輯。

第二，徐先生忘了自己的位階。

有沒有發現引起爭議的幾段話，都是父母很愛念的話？今天從我們父母嘴裡說出來，大概只會讓我們反感、生氣，明後天就忘了，實際並不會怎麼樣，總歸都是我們的家人。但從資產階級上層的人嘴裡說出就不好了，因爲階級是相對的，不同階級的人所產生的內容，不管初衷爲何，都難以得到信服與共鳴。

整件事讓我更確定一直以來相信的「與年輕世代溝通的機會點」。在未來的幾年裡，七年級生如我，這些二十八至三十五歲的人，將會（或許已經）卡在職涯中途進退不得——無法在短時間內爬得更高，因爲得勢的人、老人、前輩都占住那些位置了；同時也低不下去，因爲成群的八、九年級生已在下面拚個你死我活了。

這時候，如果想擁有比別人更多的關鍵籌碼，就是要能帶得動七年級後段班到九年級的族群，能徹底跟他們溝通，如此一來，業績與團隊就能出衆。要把上一輩跟下一輩的代溝看成一個切入點，把自己變成橋梁、變成籌碼。

想想看，這些廣大的族群占據了消費群、媒體群、受薪群、多數社群，任何從他們身上獲得的理解與共鳴，都能成就一筆營業額或一次行銷操作、提高一個品牌的存活率、決定一間公司的存亡。我認爲這眞的是一個我們最容易切入累積的優勢：善用時代洪流下掙扎的自己，就能將自己的生長背景和特性轉換成優勢往上爬。

在這次事件中，我們應該思考的是如何運用這些你我都擁有、卻沒有善用的特性：年輕、平凡。

認識我的人應該都知道，我能走出今天這條自己的路，靠的就是極大的自信與勇氣。但是自信與勇氣，並不是一天就可以習得的，我只能說，這兩個關鍵點都來自於我對一切的無所畏懼。別人問我爲什麼敢衝、問我爲什麼敢什麼都沒有就去嘗試——就因爲我什麼都沒有，所以根本沒什麼好損失的，到底有什麼好怕的呢？

到現在，身邊的人問我：你不怕創業失敗？你不怕出了書沒人買？你不怕努力了這麼久錢還賺得不夠多？

我想的是：如果失敗了，就再創業，否則就不再創業就好了啊！出了書沒人買，但至少我的閨蜜和家人都答應我一人會買十本啊！就算只賣出一百本、十本，我損失了什麼？錢賺得不夠多？沒錢賺了？這些事我永遠都不會擔心，因爲頂多就是回臺灣打工，有吃有福利，還至少有基本薪資，不是嗎？

事實上，你只要釐清了自己根本沒有什麼好損失與懼怕的，基本上就能無敵了。但這些損失和評估標準，一旦以金錢來衡量就會偏掉。錢賺得夠不夠，這個問題也讓我很納悶——到底多少才夠、才足以被定義爲成功？

一位朋友跟我分享他親戚的故事：親戚家是非常低調的富豪，很少有人聽過他們的名字，但爸爸大概有臺幣三十億左右的資產。某次，他的兒子跟他借錢卻經商失敗，他自己也被朋友騙走了好幾億，結果資產瞬間蒸發到只剩六億，這位爸爸就想不開自殺了。所以，要是這些比較值的基準點放錯，不但會讓我們思考錯方向，也會被錯亂的輸贏概念蒙蔽。

我的無懼勇氣也不是這麼的偉大，其實就是看清賽局的本質所能做出的事啊。

我的成功祕訣②被擊垮的勇氣

去年，我在臉書上發了一篇自己的故事。當時，我在年底那段準備年度結案、新年的工作計畫等最忙碌的時間裡，遇到幾個朋友，跟他們分享自己最近快忙昏的感受。

「你聽起來還真的很有什麼，至少像是一隻打不死的蟑螂！」

那個很有錢、家裡經營飯店的新加坡朋友聽到我的計畫後，這樣笑著說。聽她這樣講沒什麼，雖然我們很要好，她卻常常表露出那種「中產階級的人永遠都翻不了身」的態度，叫我不要這麼浪費時間，跟她好好去Party就好。

很少有人真的知道，我每跨出一小步，都是已經在水裡掙扎了好久才浮上來吸那一口氣的。甚至到昨天晚上，都還是這樣在被打擊。

新加坡的生意群裡，我在其中表現比較活躍、會打入的族群，分爲中國人、臺灣人、新加坡當地人。

就我自己觀察，中國商人多數真的很厲害，不論是遠見、做生意的大氣、看事情的宏觀角度；新加坡商人在穩穩起步和管理層面，更是強到不用說；而臺灣，當然有自己的職人精神、高度信譽和口碑，但是，我最常聽到中國人和少數新加坡人對我說：「哎呀，我不想和你們臺灣人做生意啦，小家子氣，每天算來算去，不成氣候！」「欸！你不是那個一大群臺灣人很討厭的艾兒莎嗎？你怎麼啦？你們臺灣人都這麼少了，還敢不團結，互相對立，很有趣欸！跟我講你們這些臺灣人的八卦就好，咱們不談生意了啦。」

當我去找身邊那群有很多很多錢的香港人、中國人，希望能讓他們看中我的生意，提供資源和支持時，聽到的全部都是嘲諷。這些嘲諷有時是針對我個人，例如他們會問我的來歷、我爸爸在臺灣是不是個有名氣的人、家裡每年能有幾千萬給我玩？如果沒有的話，這樣的人他們是覺得沒希望的。

有時則不是針對我個人，而是譏笑「臺灣的政治很逗」「臺灣的落後很精彩」「臺灣人的自慰精神很寶」。對他們來講，或許只是把其他國家的好壞拿出來放大討論，但對我這種一直驕傲自己是「Made in Taiwan」的人來說，是多大的羞辱，有次我差點就要起身離席。另一次我還帶了一個非常愛臺灣、更懂得經濟和政治的朋友（她在倫敦念前三大學府的經濟系，後來回花蓮，在親戚的診所義診）參與，她也差點被氣炸。

當然，也有一些不錯的人，這一生就在等著晚年可以退休，定居臺灣，每次有假期都會帶全家去臺灣旅遊，常常一直跟我講臺灣多美……

一些在新加坡的臺灣菁英，有的是二十一歲就從美國長春藤名校畢業來新加坡實習，二十三歲就能進入新加坡上市公司，領著臺幣十五萬元底薪還包吃住；有的進入最大的銀行、前三大企業工作，不到三十歲就在新加坡買了四、五間房子，這些人對我是不屑的。當年我曾聽朋友告訴我，一群眞的是菁英的臺灣人常常笑我在新加坡耍寶，認爲我沒受教育、沒進過美國或歐洲知名學府，還敢在這裡嚷嚷成功。那些有錢富豪還是持續看扁中產階級的人，我們繼續努力掙扎，而他們就像看戲一樣，想用普遍的、一般人會有的結局告訴我們：不要再讓自己那麼難看了。

講這些是要讓大家知道，任何人對我的看不起、看不順眼，都是可以理解的，但沒有被打倒才是重點。畢竟他們持續笑我就是希望我停，但偏偏我就是不停；他們就像當年那群在新加坡的臺灣人那樣痛恨我，希望我閉嘴，可惜我就是不閉，還在這幾年比那些狂罵我的人成長得更快——至少我沒看過有人能像他們這麼魯，還有這麼多閒暇時間去關注討厭的人。

在面對就是要擊垮我意志的這些人時，我回到家當然也會覺得痛苦委屈、也會掉眼淚。我何嘗不想回家，待在臺灣，在一個不會遇到這麼多攻擊的圈子裡，好好做簡單的事就好了。但轉過身望著一直在睡覺打呼的室友，想想她這麼傻都懂得不要回去了，更何況是我呢？

很多時候，很多人問我：怎麼能走到這步還要繼續堅持走下去、怎麼沒想過要放棄？我眞的很想告訴他們，我不是什麼清高的人、偉人、故事精彩的大人物，我平凡到不可思議，甚至平凡到一點都不優雅。因為事實上，多數時候我都在想怎麼放棄、怎麼退場、怎麼不再面對艱難的事。

可是當我回想，那幾個曾經看我不順眼、看不起我的人，每次對我評論完，過陣子我還是繼續跟他們聯絡、談合作時，他們也開始慢慢的接納我。或許，他們也在學習怎麼和這樣的人、這樣的我相處。每天早上醒來，想起有多少跟我一樣背景的年輕人在等一個希望和機會，我若不先走出一條路，讓他們知道有什麼樣的可能，又怎麼對得起他們平常的支持？我如果眞的就這樣放棄，對他們不是欺騙，那是什麼？

我突然明白，讓我繼續走到現在這步的，是我自己那份無人能敵的勇氣，能一直勇敢面對想要擊敗我的人。而這件事並沒有這麼簡單，因爲人性天生都想追求勝利，也會本能的逃避有可能戰敗的局面——這就是爲什麼舒適圈這麼可怕。但當我知道這是一場必敗之仗，卻還是堅持要去打時，每次的戰敗對我來講反而是不同的體驗和知識的累積。

我會說我的祕訣或許就在於擁有被擊垮的勇氣。我這麼做並不是笨，而是把人生賽局拉長了看，這場馬拉松，我就算跟你們這些人拚到七十歲都還是敗仗，誰知道我八十歲時不會贏？就算最後我都輸了，但我贏了自己、對得起自己，也比最後留下「早知道當年就該這樣試試」的遺憾來得好吧？

我的成功祕訣③ 開放、開放、再開放

在本書最前面的部分，提到很多關於「時代」的影響，因此，我想再次提醒，正視「時代」的重要性。

在上一個時代，「選擇」其實跟「努力」一樣重要；但這個時代，努力和選擇都不比「運氣」還關鍵；而接下來的時代，「開放」絕對比勤奮及單純做對選擇還更爲具象。其中包括：開放的心、開放的視野、開放的角度、開放的思考。

與其討論手中的遺憾與不幸運，深度思考新型態的工作與生活、新型態

的世界觀與角色扮演、新型態的體系與信仰，那才是全開放思考的正確方式。

因此，我認爲從現在開始，我們都該隨時隨地的思考開放、練習開放、接受開放。

〈後記〉

我的世界有多麼美麗

站在巨人的肩上，可以看更遠、跑更久，不是騙人的。

當我開始非常努力後，宇宙都在幫我，世界都想要我更好；但當我寫完這本書後，此刻不想談什麼祕密或法則，而是想跟你說——我的世界有多麼美麗。

對我而言，那個幫助我的宇宙和世界，就是我生命中接觸到的人、願意無私給我機會的貴人、閨蜜、友人、粉絲。

七十七年次的我，今年三十歲了，也出到生命中的第三本書。每本書對我而言，意義都非常濃烈，代表著無數的心血與合作，無數個我身邊無私美好的人們，給予我的信任。

艾兒莎眞心誠摯的感謝粉絲與讀者，有你們繼續聽我講、看我寫，才能成就現在的我。

感謝我的家人和閨蜜，一直無條件忍耐我的任性與戲劇天后性格，瘋瘋癲癲的特質讓大家心臟不是太好受，但愛我的家人和寶貝閨蜜們，依舊讓我這麼實實在在的、做這麼眞實的自己。

每當我身逢巨大低潮或困境時，第一個會去討拍的，就是閨蜜們。在我常常執著於某個痛處時，曼文都會回覆我：「你不覺得，其實你就應該經歷這些事呀！因爲你眞的是那種，好像可以變成像你喜歡的三毛或張愛玲一樣，是一種以傳奇女人的姿態，寫下自己故事中可以擔任哪種角色的人啊。這樣看來，這些痛苦，也是一個墊腳石，你說對不對？」

聽完這段，看著曼文那種對於朋友的強烈信任，就會馬上把痛苦丟開了，雖然她不懂張愛玲與三毛，但卻懂得：我崇拜這些女人的力量，更懂得這力量能帶給我的堅強。

在夜深人靜，面對著單打獨鬥的孤單時，只要對著章潔大吼幾個不符合邏輯的情緒化字眼，只爲了傳達我的壓力和孤單時，她都能以簡單幾個字，再度給我力量，讓我繼續相信，這些美好與不美好的生命細節，都可以變成藝術，那是她教會我最不能取代的生活格局。

二十五歲時，我爲了滿足獅子座的膚淺浮誇性格，在臺灣號召了親朋好友，於夜店辦了場離開臺灣的派對。最後看著臺幣六萬七千九百元的帳單，我猶疑了一下，因爲那占去我即將征戰新加坡所有資金的一半；我的閨蜜Chiao二話不說的付掉了它，至今沒再提起過，但我從來沒忘記這個數字，因爲那是往後在新加坡孤單的每一天裡，我以爲自己眞的在底層時，用來提醒自己，要更努力的繼續努力著，才不會辜負願意幫助我的任何人。

我的閨蜜還有很多，那些我沒有提到名字的你們，確實給了我一種力量，那是女人才給得出的力量，也是閨蜜才會有的深度影響力，他們個個都在自己的領域很傑出、很綻放，同時也讓我看到，自己可以有多亮眼，爲此，我謝謝你們。

謝謝所有願意掛名推薦此書、願意一起幫我的書拼上最後一塊完整拼圖的你們；也謝謝出版社與協助我的編輯、行銷團隊、每一個人，謝謝你們這麼包容我，並讓我在書中詮釋所有的眞心字句。

感謝一路上在新加坡遇見的每一個人、朋友、幫助我的人、陪我說話的人。

你們，都是我的貴人。

Eurasian Publishing Group
圓神出版事業機構
用心與你對話・視野無限寬廣
方智出版社
Fine Press
www.booklife.com.tw
reader@mail.eurasian.com.tw
自信人生 149

窮忙世代的翻身準則

作　　者／艾兒莎（Elsa）
發 行 人／簡志忠
出 版 者／方智出版社股份有限公司
地　　址／台北市南京東路四段50號6樓之1
電　　話／（02）2579-6600・2579-8800・2570-3939
傳　　真／（02）2579-0338・2577-3220・2570-3636
總 編 輯／陳秋月
資深主編／賴良珠
責任編輯／鍾瑩貞
校　　對／鍾瑩貞・黃淑雲
美術編輯／金益健
行銷企畫／陳姵蒨・徐緯程
印務統籌／劉鳳剛・高榮祥
監　　印／高榮祥
排　　版／陳采淇
經 銷 商／叩應股份有限公司
郵撥帳號／18707239
法律顧問／圓神出版事業機構法律顧問　蕭雄淋律師
印　　刷／祥峰印刷廠
2018年5月　初版
2019年6月　9刷
定價300元　ISBN 978-986-175-493-2

你本來就應該得到生命所必須給你的一切美好！
祕密，就是過去、現在和未來的一切解答。

——《The Secret 祕密》

國家圖書館出版品預行編目資料

窮忙世代的翻身準則／艾兒莎（Elsa）作.
-- 初版. -- 臺北市：方智，2018.05
240 面；14.8×20.8 公分. --（自信人生；149）
ISBN 978-986-175-493-2（平裝）

1.成功法 2.生活指導

177.2　　107003403